无子的人生

子の無い人生

[日] 酒井顺子 著
SAKAI JUNKO

陈光棻 译

中国出版集团
東方出版中心

图书在版编目（CIP）数据

无子的人生 /（日）酒井顺子著；陈光棻译. 一上海：东方出版中心, 2019.12

ISBN 978-7-5473-1504-0

Ⅰ. ①无… Ⅱ. ①酒… ②陈… Ⅲ. ①婚姻－通俗读物 Ⅳ. ①C913.13-49

中国版本图书馆CIP数据核字（2019）第146171号

无子的人生

著　　者　(日) 酒井顺子
译　　者　陈光棻
责任编辑　赵　龙
封面设计　棱角视觉

出版发行　东方出版中心
地　　址　上海市仙霞路345号
邮政编码　200336
电　　话　(021) 62417400
印 刷 者　常熟市新骅印刷有限公司

开　　本　890mm × 1240mm　1/32
印　　张　6
字　　数　95千字
版　　次　2019年12月第1版
印　　次　2019年12月第1次印刷
定　　价　32.50元

前言

《败犬的远吠》(《負け犬の遠吠え》，麦田）一书出版之后，我收到了各式各样的反响。其中有一个问题意外得多，那就是：“我结婚了，但没有小孩，那我算败犬吗？”

我在《败犬的远吠》中，把“未婚、无子、30 岁以上”的人定义成“败犬”，所以自然觉得不管有没有小孩，只要结婚了，当然就是“胜犬”啊！不过现在的我终于明白，这些结了婚却没小孩的人，对于无子的状况，是抱着多大的“落败感”。

我当时以为，只要结了婚，人们大概就会觉得人生的功课都做完了。但真相似乎不然，已婚的人接着面临的压力就是“还没生小孩吗？”生了第一个，又会有人追问：“什么时候生第二胎？”似乎要在有了两个小孩之后，婚姻才算是完整的。

这种压力，肯定让已婚的人很厌烦吧！但换个角度想，若没有这种外在的压力，日本的出生率不知道要滑落到哪个谷底，就觉得这种“关心”，对国家或许是意想不到的重要。

在日本，一般都认为小孩是婚姻关系中的男女所生，所以像我这样的纯单身者，常被问到“怎么不结婚？”而不太会被关心“怎么不生小孩？”在逼近 40 岁大关时，再不生就没机会生的时候，虽然有人会说“只生小孩好像也不错”，但听得出来，那多半带着开玩笑的口吻。

相对的，结了婚却没小孩的人，却一天到晚被外人用充满善意的表情、“我很看好你”的眼光，追问着“有小孩了吗？”或许在拥有完整婚姻——也就是结了婚并育有两个小孩的人眼里，“已婚无子”的状态比纯单身还不自然。

现在回想起来，已婚无子者在问我“那我是败犬吗？”的时候，眼神中的确流露出满满的痛苦，似乎渴望着我回答她们，“虽然已婚，但你也是败犬一族喔！让我们相亲相爱吧！”她们在“胜犬”，也就是已婚者的族群里，因为“已婚却无子”，被视为局外人。虽然和她们一起聚会，但不能参与妈妈经的讨论，当然也没有妈妈圈的朋友。再转身看看被称为“败犬”的另一群人，也就是纯单身者们，反倒能以一种坦然自在的姿态成群结党、其乐融融，但应该很难不顾影自怜，心想究竟何处才是我的容身之处……

但我当时心想："你都已经结婚，是胜犬了。没小孩算什么，我们可是连婚都结不了！"毅然决然和她们划清界限。唉！如果这个状况发生在现在，我至少会跟她们说："很难受的话，要不要加入我们败犬的行列？到我们这边来也行喔！"40岁之后，我终于明白了一件事。那就是比起"有没有结婚"，"有没有小孩"这个因素，更深深牵动了女人的人生方向。我有很多离了婚重新恢复单身的朋友，但因为有没有小孩，心境是大不相同。若要用胜犬、败犬来分类的话，有小孩的单身者更适合胜犬的一方，而无子单身者则是与败犬一族紧紧相拥了。

已婚无子，也就是问我"那我这样算是败犬吗？"的人，加入败犬一族，心情肯定比较轻松。因为不需要为小孩做便当、接送小孩上足球课，而无法参与教养话题的人，和败犬相处更能怡然自得，这一点毋庸置疑。

等到再老一点，另一半都先走了的时候，这个差别只会愈来愈明显。因为有没有孩子比有没有丈夫，更左右了"死期将近"的女性的生活。

婚姻并非坚如磐石，即便结婚也有可能离婚，另一半先死的可能性也很高。

不过一旦生了孩子，无论亲子关系再差，这个关系连结一生都切不断。大多数时候，孩子会活得比父母久，所以对母亲而言，孩子才是必须相处一辈子的对象。

我切身感受到这个道理，正是家母过世之时。家父早已过世，当时是由家母、兄嫂和我一起为他送终。而家母过世时，则轮到兄嫂和我一起为她送终。

所谓的“送终”，并不只是见证了死亡的瞬间而已。因为人不是“咕咚”一声就死了，一个人在死之前，身体状况会经历一段时间的好坏起伏，有些人甚至需要长期的照护。这整个过程都是送终，而最高潮就是“死亡”来临的瞬间。

但若认为在死亡那一刻，送终的工作就结束了，却也不然。守灵、告别式再加上做七，还有整理遗物与住家、继承相关事宜等，一个人死亡之后家人必须处理的事多如牛毛，而妥善处理这些事，就是孩子的任务。

家中第二位长辈，也就是家母过世之后，在处理后事的同时，我不禁思忖：“那我死的时候，谁来做这些事呢？”我膝下无子，按理来说应该会由哥哥的孩子，也就是我的侄女来肩负重任。但我不禁觉得，被迫处理父母以外长辈的后事，是何等可怜啊！

人无法一个人活着，也无法一个人死去。我年轻时，家母曾经对我说：“不结婚没关系，至少生个孩子也好。”或许这句话背后就隐含着“人无法一个人死去，至少生个孩子替你送终”的意思。

当然，人并不是因为希望死的时候有人送终，所以才生小孩。孩子，是男女相遇、相爱的结晶，生养小孩的本身，意义非凡。

但父母临终之际，我确确实实地明白了，孩子是为了父母死去时而存在。人类这种生物，不是死了就算了，还必须要火化、要入殓安灵、要祭拜。身为孩子最后且最重要的一项工作，就是让父母好好地走，妥善处理遗体。

所以，我还是忍不住要想：“那我呢？”发现了小孩最重大的任务固然好，但我已经四十几岁了，早已过了适合生育的年龄。虽然也有人认为那可不一定，再加点油还是有希望的，毕竟有人年过五十才生。但勉强到这种程度，只为了确保有人妥善处理自己的遗体，未免也太欠思虑了。

我曾经在报纸上看过一则报道，主题是被迫照料未婚兄弟姐妹的负担。内容是说，自己或配偶若有单身无子的兄弟姐妹，他们老后的照护责任，就会落在自己或自己的孩子身上，成为很大的负担。而这正是我们家的写照，侄女现在还很小，懵懵懂懂的，但等她稍微懂事一点，一定会觉得：“唉！父母就算了，为什么连姑姑的后事都要我来处理？”

因此关于“无子的人生”，我开始有了很多想法。目前在日本，关于终生未婚率，男性约为两成、女性约为一成。所谓“终生未婚率”指的是，50 岁时从未结过婚者的比例。也就是说，连政府都认为，人过了 50 应该就不会结婚了。

先撇开这个不谈，在非婚生子女极少的日本，终生未婚率几乎可以直接解读成“无子率”；加上已婚者中也有人没生小孩，所以无子率的数字还要再往上加。也就是说，“无子族”的比例绝对不低。

虽然目前“终生未产率”并不是政府统计项目，但或许在未来，“终生未产率”会取代“终生未婚率”，变成一个重要的数据。一辈子连一胎都没生过的女性比例，恐怕相当高吧！

男性的生殖机能，据说可以持续到相当高龄，年过七十还当上爸爸的惊人绝技也不少见，所以一辈子从未当过父亲者的比例虽然难以统计，但我想应该也不容小觑吧！

无子族大量出现，同时意味着将来会出现大量没有小孩的高龄族群。我这辈子看来是不会生小孩了，势必成为无子高龄族群的一员。在无子老人时代即将来临的此刻，我想要在接下来的时间里，该好好思索如何解读与经历无子的人生。

子の無い人生

子の無い人生

目录

贺年卡

这是我去参加某个家庭派对时发生的事。虽然我明知去参加的人以主妇居多，我一定会变成插不上话的弱势族群，但想想这也算是一种人生的修炼，所以还是壮着胆子，从容赴会了。

不出所料，家庭主妇们一抵达后就给女主人送上伴手礼，有亲手插的花，还有媲美专业水平的自制面包。我不但见识到了当“女力”[1]提升到一个境界，就会发展为“手作力”[2]，同

[1] 女力，“女子力量”的简称，指自立自强的女性力量，女性将自身的魅力展现出来。——编者注

[2] 手作力，指用手制作礼物。——编者注

时也明白了，这就是只能花钱买伴手礼的我，和主妇之间深不可测的差距。

由于是个携家带眷的派对，所以最后孩子们、男人们和女人们，就自然而然地各据一方、畅谈嬉闹。我虽然试图加入妈妈们的谈话，但总觉得不太自在。该怎么说呢？有一种好像在男扮女装的心情。

恰巧我就坐在男子组与女子组的交界，当我试着转换方向，加入男子组的话题时，虽然也还称不上可以轻松自在地搭话，但至少不用太装腔作势。

过了一阵子后，突然听到隔壁太太们的对话。这群太太的孩子多半是中小学生，她们正聊到有关贺年卡的话题。

“我们家的贺年卡会做两种版本：一种放了孩子的照片，另一种没有。”

“我也是。要寄给没小孩的人，就会用没有照片的。”

“我们家也是这么做，但曾经被没有小孩的朋友发现，其实有另外一个放照片的版本，搞得很是尴尬……”

我竖起耳朵听了好一会儿。这才发现，原来在某些有小孩的家庭里，制作两种版本的贺年卡俨然已是某种常识，也是“身为主妇理所当然的贴心”。这让我回想起以前收到贺年卡时，的确曾经觉得，“这个人家里明明有小小孩，但贺年卡上却没有照片，真是难得。也太低调了吧！”该不会我接到的就是“无子族专用贺年卡”吧？

膝下无子的我，当然不觉得这是什么贴心的行为，因为这位曾经被抓包[1]的太太，心里明明就觉得没小孩的人是一群可怜人。她们内心的潜台词无非是，“我们拥有这世上最美好的珍宝——小孩，但世界上却有一群和我们不一样的、不幸的人，所以，我不可以故意在他们面前炫耀我的宝贝，如果寄给他们的贺年卡上没有放孩子的照片，他们就不会受伤了吧？”

在参与男子组话题的同时，我对于背后“两种版本贺年卡”的热烈讨论，自然是有些不快，但当我仔细思考原因时，却发现这个不快并非针对她们做了两种贺年卡这件事本身。

我虽是无子族，但最喜欢收到印有朋友全家福照片的贺年卡了。一边欣赏照片一边惊叹“长好大了！”或是“哇！这女儿好像爸爸，真可怜！”很是开心。

---

[1] 抓包，网络术语，这里指被戳穿。——编者注

不过，这世上一定也有人觉得，大过年还被迫要看别人家的孩子，实在开心不起来；还有些人是明明很想要小孩，却因种种原因无法如愿，心里是非常遗憾的，所以才会有贤惠的主妇，准备了两种版本的贺年卡。

既然做两种贺年卡这个行为本身并没有错，那我为什么不快呢？我想是因为她们在我这个无子族旁边谈论的这个行为吧！

有小孩的太太们觉得无子族很可怜，甚至可以说是“看不起”，这样的心态我不是不理解。毕竟，无论在哪一方面，所谓的既得利益者就是会可怜、瞧不起“没有的人”，我也没打算抗议这就是在歧视无子族。

但是，只在完全封闭的场合谈论这种心情，是成熟大人应该具备的礼貌。这就好像和刚被裁员的人在一起时，若还说：

“现在这个年代，没有固定工作的人，怎么还能一副若无其事的样子啊！我真的深深觉得，自己是公务员真好。”

“我们公司今年营收和利润都增加了喔！分红奖金也增加了，来换个计算机好了……”

这么做实在有点缺乏同情心吧！无论庆幸自己是公务员，或想用奖金犒赏自己，都是最真实的心情，但这种话就留到被裁员的人不在场时再说就好。又不是非得在被裁员的人面前，才能深深体会自己身为公务员或是奖金增加的幸福。在歧视的对象面前绝不流露出瞧不起人的态度，不是这个世界弭平歧视的第一步吗？

这并不代表，我希望有孩子的人，在无子族的面前就绝口不谈小孩的事。“有小孩”是极其自然的事，聊天聊到也完全没问题，但在无子族的旁边说“我很可怜那些没孩子的人”是不是就有点过了？

不过，不快的同时，我也有点佩服她们的气魄，因为在身旁有无子族，而且那个无子族还是我的状况下，这些人竟然还能聊这个话题！或许就是要有这么豪迈的心情，才能胜任育儿大任吧！

此外，我真心觉得不用做两种版本的贺年卡，全部都用有小孩照片的就好。这不单纯是因为我个人的喜好，而是我认为为了让世人知道有小孩者的心情，放上小孩照片的贺年卡就不可或缺。

有小孩的人，都觉得自己的小孩特别可爱。就算客观上看起来极为普通的小孩，在父母眼里都是可以成为偶像的明日之星；只要是为了孩子的幸福，父母可以不惜任何代价。所以，凡是父母都会想把自己的孩子放在贺年卡上，向众人展示。

古人用“心底的黑暗”来形容天下父母心，真是一语中的。《源氏物语》里也有多处出现这个说法，而这些都是来自《后撰和歌集》[1]里藤原兼辅的诗：“为人父母的，内心并非糊涂得一片黑暗。但若是想到自己的孩子，都会茫茫然地迷失了方向。”意思是，无论再怎么能明辨是非的父母，都可能为了孩子失去理性。所以在平安时代，一说到“心底的黑暗”，就等同于“天下父母心”。

放上小孩照片的贺年卡，反映了家族繁荣的景况，可喜可贺。同时，也流露出天下父母心：“我们家的孩子，怎么那么可爱！”

我觉得有小孩的人，就应该让无子族看到，身为一个人顺其自然地结婚、生子、育儿，会变成这个样子。或许有些人一点都不想看到别人的小孩，但最好还是要让他们明白一个现实，

---

[1]《后撰和歌集》，公元951年，由日本村上天皇下令编纂的和歌集，也是第二本敕撰和歌集。

那就是“这世上大半的父母，都是这个样子的”。

我觉得身为无子族，就算再不想看别人的孩子，收到附上照片的贺年卡，都远比收到专为没有小孩的人准备的无照片版本，或是父母自以为贴心商量了半天，觉得自己的孩子与收件者还算亲密而选用的有照片版本，都更能确实接收到这个社会的现实，也更是一种学习。

孩子，是唯一在贺年卡上无论再怎么炫耀，都可以被原谅的对象。最近有些人会在贺年卡上刻意展示自己刚盖好的豪宅或是事业有多旺，不禁让人觉得“这个人有什么问题？”但如果贺年卡上放上小孩的照片，就能光明正大地炫耀。所以，有小孩的人若能跨越自己心中的黑暗，更用力炫耀，不必顾虑到无子族，让看到的人觉得“虽然有点不快，但生个孩子好像也不错耶！”或许能替少子化问题做出贡献。各位觉得呢？

至于我，仔细想想，我这辈子从来没有做过有照片的贺年卡。小时候社会上还没有这样的风气，长大后没有孩子，也没什么特别想用照片来展示的东西。

但我认识一个无子族强人，每年都会把自己的照片放在贺年卡上。她不是明星，样貌也不是特别出众，迈入中年许久，但每年还是会把自己去旅行的照片，而且是极近距离的独照，做成贺年卡。

每年我收到她的贺年卡时，心里都满是疑惑，我记得没错的话，这趟去圣多娜[1](Sedona ）的旅行，应该是她自己一个人去的，这张照片该不会是她自拍的吧？

就算我再怎么仔细端详，这张自拍的贺年卡，也没有一丝丝自我嘲讽、想要逗大家开心的样子，反而流露出满满的自我陶醉。我不禁觉得，这或许也是另一种“心底的黑暗”吧！

生了孩子，天下父母都会鬼迷心窍；而没有孩子，无处可去的爱，却也容易恣意横行，撞成了自恋。贺年卡让我充分体会到，人无论站在哪一个立场，心底大概都藏着黑暗吧！

顺道一提，我每年做的贺年卡上，就只有文字和该年生肖的图样，一点都不讨喜，但这是因为我在武装自己。如果我有小孩的话……千万不要怀疑，我可不会手下留情，一定会准时奉上有照片的贺年卡的。

[1] 圣多娜，是位于美国亚利桑那州的一个宗教圣地。

讨厌小孩

小时候，我实在不理解“喜欢小孩的小孩”是怎么一回事。每次听到朋友说：“我最喜欢小孩了！”心里都会不禁嘀咕，你自己明明也还是小孩啊！

这种小孩，换句话说就是“喜欢比自己小的小孩”。问她们将来的志愿是什么，好像都是回答“幼儿园老师”或“保姆”（当时还没有“保教员”的说法）之类的。

到了这把年纪，我明白了一件事，那就是这世上的人分成两种：“擅长与比自己年长的人相处”，以及“擅长与比自己年幼的人相处”。换言之，从小就喜欢小孩的人，就是属于后者。的确，她们在班上要不就是大姊头，要不就是妈妈性格的人。

即使在同龄的团体当中，也会刻意扮演年长的角色，主动肩负起照顾年幼者的任务。

我则是擅长与比自己年纪大的人相处。说得可爱一点，就是爱撒娇；讲得难听一点，就是过度依赖别人的自恋狂。或许因为我是老幺，在家族当中总是最小的那一个，所以完全不知道该怎么和比自己小的人相处。

小时候就喜欢小孩的人，长大后通常还是喜欢小孩，大概在高中时代就会说：“我以后最少要生三个。”每次听到这种话，我都忍不住在心中翻好几个白眼，高中生的年纪明明是人生的黄金时期，正要享受接下来美好的青春，“生三个”是什么跟什么啦！

在我的成长过程中，害怕与小孩相处的感觉一直没有改变，等到朋友们都陆续生了小孩之后，更是突然陷入了困境。因为，我不知道怎么对待朋友生的小孩。

在他们还是婴儿的时候，只要仔细端详、触摸身体的各个部位，或是重复说着：“好可爱唷！”大概就能蒙混过关。但等到他们开始听得懂语言之后，我这个人“与小孩相处的技巧”付之阙如的状况，自然就破绽百出了。

另一方面，从小就言明自己喜欢小孩的人，就算孩子是别人的，一样能处得很好。当这种人哄小孩或和他们玩的时候，小孩也开心得不得了。

说到我呢？虽然能试的全都试了，但就是别扭得要命。只要一和小孩相处就紧张兮兮，老是担心别人知道我其实不喜欢孩子，但又希望别人认为自己是个好人，所以只好硬着头皮拼命表现。不用说，我一定早就原形毕露，说不定还有人觉得“哎哟！怎么这么拼命啊！”

目前，政府为了应对少子化问题，采取了很多对策，据说其中之一就是让高中生接触婴儿，激发她们的母性本能，并告诉她们：“小孩是很可爱的喔！”我在朋友生孩子之前，从未接触过婴儿这种生物，如果有人把婴儿摆到我面前，我的确会不知如何是好。因为有过这样的心情，所以觉得这个做法也挺有道理的。

还有一件很令我惊讶的事就是，这种宣称“喜欢小孩”的好人，喜欢的好像是所有叫作小孩的生物。不管孩子讨不讨人喜欢、长得可不可爱，都能一视同仁地爱他们。

相较之下，我只会觉得“可爱的孩子”可爱。换言之，我爱那些不管外貌或态度都讨喜、会自己主动来撒娇的孩子。若不是这样的孩子，我就会和他们保持距离。

我从 25 岁到 35 岁，和一些过去交情不错的朋友慢慢疏远了。其中一个原因就是朋友们忙着照顾小孩，和我的作息时间大不相同，已经没办法像以前同为无子族时一样，轻易地见到面了。此外，刚生完孩子的妈妈，当然满脑子都是孩子的事，而我满脑子都是自己和工作，双方自然而然变得话不投机。

若还有一个什么原因让我们变得疏远，我想肯定是我讨厌小孩的个性吧！如果我喜欢小孩，去朋友家时会陪小孩玩，应该更能增进彼此的友情。但我还是觉得在大人的世界里聊大人的话题，开心多了。

不过，命运总爱捉弄人，从来都不是喜欢小孩就生、不喜欢就不生这么简单。像我这种讨厌小孩也没生小孩的人，相较之下还是比较幸福的类型。朋友当中甚至有人是不知不觉地就结婚、怀孕、生子，但生完小孩后才明白，自己并没有那么喜欢小孩。

还有人说：“自己的小孩嘛！勉强算是可爱，但朋友的孩子之类的，一点都不觉得可爱。所以，孩子的朋友来家里玩的时候，可痛苦死了。偏偏这些话又不能跟妈妈圈的朋友说……”

相反的，也有人明明很爱孩子，却生不出来。在日本，一般来说都是结婚之后才生小孩，但再怎么喜欢小孩，也不代表就能成功挺进“结婚”这个重大阶段。

在联谊之类的场合，的确有一种人会一再说“我超喜欢小孩的！”并不断展现自己有多爱小孩。也有一些男人认为这样的女性个性一定很体贴。

但是，强调自己喜欢小孩这招能奏效的期限，也只到25岁而已。年过三十的女人，若还不断强调自己很爱小孩，就很容易给男性一种疯狂想要小孩，也就是“交往不久就会说要结婚、压力很大”的印象。

如今，当女性觉得再痴痴等着结婚对象出现，就会生不了小孩时，可以选择冻卵。或者，当结婚对象迟迟不出现而着急，决定就算不结婚也要生个孩子时，也可以心一横选择当未婚妈妈。当大家愈来愈不执着“想生小孩，就得先突破结婚这个关卡”的观念，我认为日本的少子化问题，或许会有些许改善的空间。

因为这样，基本上不是那么喜欢小孩的我，到了快40岁的时候，竟然有一段时间，也觉得过去总是让我怒火攻心的小人儿，突然可爱了起来。

或许这一切都是始于侄女刚好出生。她嘛！也就是个一般的小孩，但毕竟是自己的侄女，还是觉得挺可爱的。而另一个可能的原因，就是“年龄”。

40岁前后，对女性来说，是可能怀孕、生产的最后时限，也是下腹部差不多要响起“骊歌”的年龄。

或许有人会说：“不不！那个谁谁谁48岁时生了孩子，所以还早啦！”“我有认识五十几岁才生小孩的人”。但这种高龄产妇，往往都具备了“无论如何一定要孩子”的强烈意志，并倾注所有努力与财力才成就这件事。我本来就没那么喜欢小孩，当然不可能为了怀孕拼命到那种程度。

于是，我在岸边挥着手，目送“生产船”伴着“骊歌”一同航向远方，从中残存下来最后一丝丝疑似母性的情绪，竟让我觉得“小孩真可爱”。正因为如此，我连那些长相普通、吵得要死、脏得要命的小孩，都觉得“还蛮可爱的嘛！”（虽然也不是全部）。看到孩子们天真无邪的表情时，甚至觉得鼻头酸酸的……

不过，再过些时日，我对小孩的感觉又回到了原点。“生产船”已经消失在地平线的另一端，觉得小孩“好可爱”鼻头酸酸的感觉，也消失得无影无踪。现在，我对小孩的基本态度，是尽量保持和颜悦色，以免被那些妈妈们说成是：“在公交上或街上，对带着小孩的妈妈最冷漠的，就是那些没有孩子的女人！”但其实我心里还是觉得，不可爱的小孩就是不可爱啊！

至于今后，我对小孩的感觉或许还会有变化！观察公交车上的老奶奶，总是看到小小孩就笑容满面地上前逗弄，说不定等我年纪更大一些，也能用那样的态度对待小孩了。

只不过，现在的那些老奶奶们，几乎都结婚有小孩，或许都有孙子了。换言之，她们是“老奶奶”，也是“真奶奶”。

但当我到了那个年纪时，就会出现大量没有生产经验的高龄女性，也就是会出现很多不是“真奶奶”的“老奶奶”。说到高龄女性，一般的印象都是慈祥和蔼，不过等我们这一代变成老奶奶的时候，或许这个形象已经不再。

变成了老奶奶还是不喜欢小孩？还是到了没人比自己更老的年纪之后，自然就会开始习惯和比自己小的人相处呢？

唉！反正就算老了还是讨厌小孩，也只是理所当然地变成一个“坏心老奶奶”而已嘛……我一边这么想，一边又把多年前看过的长谷川町子写的《坏心的老奶奶》[1]（《いじわるばあさん》）拿起来看，原来坏心老奶奶生了三个儿子啊！当然也是

---

[1] 长谷川町子（1920—1992），日本第一位女性专业漫画家。《坏心的老奶奶》是她于1966—1971年间，在《SUNDAY每日》周刊上连载的四格漫画。

个儿孙满堂的幸福之人。

不，或许正因为她有小孩，所以《坏心的老奶奶》这部漫画才得以成立。换言之，她是“坏心的真奶奶”，而不是“坏心的老奶奶”。如果是个没结过婚、无子无孙的老奶奶，个性又差到不行，那就只是个“可怜的老太婆”而已。从现在开始，我也得好好警惕自己才行。

育儿保守派

一位担任日本放送协会（NHK）经营委员的女性大学教授发表意见指出，“还是女主内、男主外的分工较为合理”，引发了各界的议论。她本人有过生养小孩的经验，似乎是因为深感兼顾工作与育儿的辛苦，所以才归结出这样的意见。

至今为止，整体社会趋势已经从女性要非常辛苦地同时兼顾工作与育儿，明显地进化到要设法建立让女性更容易兼顾两者的环境与制度。因为，职业妇女一旦生产之后，除了工作负担不变外，育儿的责任也全都落在女性身上，若非有惊人的毅力与体力，或是财力雄厚再加上娘家的后援，想要兼顾两者，简直就是天方夜谭，因此有许多女性一生完孩子后就辞去工作。

所以各界更期待能增设更多托儿所、改善社会制度，打造出一个对育儿中女性及男性，都更友善的环境。

就在社会共识好不容易朝着这个方向凝聚时，这位女性大学教授的“女性应专心在家育儿”的意见，就格外引人注目。犹记得作家曾野绫子[1]女士，也曾经提出“生了孩子就辞了（工作）吧！”的论调，她认为：“女性在孩子出生后就应该暂时离职，花几年时间专心育儿，只要确保孩子长大后能顺利复职的通道即可。”关于产假制度，她也说：“从公司角度来看，无疑是麻烦透顶的制度。”

近来，整体社会保守的现象愈发显著。听到这些意见，就不禁觉得连生儿育女的世界，也愈来愈向保守派靠拢了。所谓的“保守派”，就是想要维持保守体制的人。而女性若是所谓“生产机器”的话（相信各位都已经忘记“生产机器”是谁说的了，这是 2007 年第一次安倍内阁厚生劳动大臣柳泽伯夫说的），那身处社会保守一方的机器当然会觉得，“为了国家，还有个人家庭未来永久的繁荣，我一定得生孩子。我个人的自我

[1] 曾野绫子，日本知名战后派女作家，1931 年出生于东京，曾获日本芥川赏提名。其《恋上今生》《中年以后》《晚年的美学》等多本著作都被翻译成中文出版。

实现不值一顾，为了维持体制，我要专心育儿”。

相对的，身处激进一方的机器，则是爱自己远胜过体制，总是以自己想做的事为优先，结果生产的机会就不断地往后推迟，很多时候一回过神来才突然发现，“啊！这个机器已经不能用了耶！”

第二次世界大战后的第一次婴儿潮中，日本的出生率超过了 40‰，后来虽然一路下滑，但 20 世纪 70 年代第二次婴儿潮时，还有 21.6‰。而持续下降的出生率，在 2005 年时，已经降到史上最低的 12.6‰。

虽说近来出生率有微幅增加，但与欧美先进国家相比仍属低迷，2012 年为 14.1‰，是 16 年来首度超过 14‰。2014 年又在上升 9 年后转为下滑，不过整体来说仍属微增趋势。

微增的原因来自许多方面。政府已推出各式各样的政策力抗少子化问题，若没半点成效也说不过去。而且，自从出生率 12.6‰这个数字公开之后，小孩的稀有价值反而出现，转眼从“麻烦人物”变成了“稀有的珍贵物品”。

与“女性是生产机器”同样令人难以赞同的是，世间出现了“小孩是最佳装饰品”的价值观，艺人明星把她们时尚又愉快的育儿模样上传到博客，还广受欢迎。也出现了大量活跃在荧屏前的“明星妈妈”，她们在生了小孩后仍旧维持着可爱形象。

或许就是从那个时候开始，育儿保守派的思想开始愈来愈强烈。即使政府推出各式各样的政策，想解决少子化的问题，但在双薪夫妻的家庭里，一旦小孩出生，育儿的重任仍旧一面倒地落在了女性身上。

如今，已经开始从年轻人的口中听到，“希望不必勉强工作，只想在家相夫教子就好”“对女性而言，最重要的任务还是把所有的爱投注在家庭当中”之类的意见。当年轻女性看到前辈明明因工作、育儿、家事而疲惫不堪，先生还以她们总是披头散发、手忙脚乱，丝毫感受不到一点女人味为由而外遇、离婚，因而心力交瘁的样子，当然会说：“我不想变成那样！”

育儿保守派的思想，不仅限于年轻女性而已，“幸运的家庭主妇”有时候也是育儿保守派的一员，而且不分年龄。

现今的家庭主妇可说是一种特权，若非有个工作稳定、收入够高的丈夫，是很难坐上这个位子的。但这些所谓的家庭主妇，很多时候并不了解自己得天独厚的际遇，所以经常如玛丽皇后[1](Marie Antoinette) 一般，说出不知民间疾苦的话：

---

[1] 玛丽皇后，法国路易十六的王后，热衷社交，奢侈无度，不关心民众疾苦，后因勾结奥地利叛国被处死。——编者注

“身边没有妈妈一直陪伴的小孩，好可怜喔！”

她们并不理解，有些家庭里太太不工作的话就没饭吃，也不明白有些女性真心喜欢在社会上工作。我认识的一位幸运主妇，对于有些家庭没有双薪就无法支撑家庭生活，竟然说：“错就错在公司竟然付给女性和男性相同水平的薪资。如果把女性的薪水减少，把男性的薪水提高一些，就算不是双薪也能养家才对。如此一来，女性不就能专心在家相夫教子吗？”

这位女性友人并非什么愤世嫉俗之辈，她知情达理、温和善良。但我这个站在育儿激进派立场的人，从女性口中听到要把女人的薪水减少，加给男人这种话，还是受到不小的冲击。

此外，也有家庭主妇会说：“我儿子和职业女性结婚，结果被迫得分担家事，真是可怜。”“对啊！我将来也不想看到自己的儿子，被迫做饭或是去倒垃圾的样子。还是希望媳妇是家庭主妇。”

若和年纪再长一些的幸运主妇对话就会发现，她们理所当然是育儿保守派，甚至会觉得她们是真正的保守派。

幸运的家庭主妇们真是恐怖至极！一直以来，日本都试图摆脱封建的家庭观、社会观，建立起男女平等的社会，但登上家庭主妇宝座、拥有幸福生活的人，却丝毫没有想过这些事情。

而且，因为日本的出生率下降，这些人肯定会觉得，“看吧！我就说了嘛！”“女人呐！不在家相夫教子怎么行！养育小孩，若没有彻底的心理准备可不行。女人就是因为任性地说要工作什么的，才会家庭和事业两边都顾不好”。

然而，观察全球趋势可以发现，出生率没有日本那么低的先进国家，都因为追求彻底的男女平等，遏止了出生率的下降。这是因为男性会分担家事及育儿工作，工作制度与环境也对育儿阶段的女性很友善，可以让男女都能同时兼顾工作与家庭。

推动保守派人士的想法，意味着让日本回到传统的家庭制度，但至今从未有任何一个国家，借由这样的手段成功提高了出生率。除了日本及韩国，其他如意大利、西班牙等，传统家庭制度愈是根深蒂固的国家，出生率愈是低迷。

倘若今后日本要提倡“女人在家相夫教子”的育儿保守派思想，那将会是一个极为宏大的实验。若能够证明在传统家庭制度色彩浓厚的国家，遵守传统封建制度、不追求男女平等，更能提高生育率，相信对少子化国家会是一大冲击。

不过我是育儿激进派，我觉得要真变成那样，生活只会更辛苦。如果就这样彻底实践育儿保守派的思想，等到我年迈之时，这世上就会到处都是在家里育儿的家庭主妇了。像我一样终生单身无子的老人，一定会被当作卖国贼般对待，仿佛能听到有人说：“据说那个老太婆，没有孩子能照顾她的晚年耶……”“咦！她们就是那一群正好赶上泡沫经济时代，一路得意忘形活到现在，却不履行身为女人最重大的生养小孩任务的人吗？”“我们缴的税还得拿来照顾这些人，简直是太荒谬了！”哎呀！我们虽然没有生养小孩，但相对的，一直以来可都是拼命工作、诚实纳税的啊！不过，大概没有人愿意听我们这些老女人心底的嘀咕吧！

前述的 NHK 女性经营委员，就是与安倍首相想法相近的人。而有这样想法的安倍首相，据说还想要推动所谓的“女性经济学”（womenomics），灵活运用女性被埋没的能力。

如果我的年纪还能生养小孩，一定会忍不住想问首相先生，我们究竟该何去何从？会不会安倍首相心里其实觉得，“只要女人在家相夫教子、男人出外工作的话，事情就不会变得那么复杂啊……真是麻烦！”但因为无法违背时代的潮流，所以才提出“女性经济学”之类的说法呢？

我想，育儿保守派的言论今后只会有增无减。在极端少子化的状态下，出现这样的情形也是无可奈何。但我并不希望今后社会上出现“不生小孩的女人，就不被当成女人看待”的氛围。因为，任何“对女人（或男人）而言最重要的是……”这样的想法，只会让人活得更加辛苦而已。

孙子、侄女

如今，小孩已经成了稀缺物品，并不是你想要就能拥有。这么说来，将来会变得更珍贵的就是“孙子（女）”了。

“怎么会那么可爱啊！”当我当听到这首名为《孙子》[1]的歌时，真的是大吃一惊，“孙子”竟然也能是演唱的主题！这首歌在即将进入21世纪时走红，或许是因为当时，日本已经出现少子高龄化的倾向，大家开始认知到孙子的稀少性了吧！而且，或许是因为会被这首歌触动的高龄者增加，平均寿命也延长，能疼爱孙子的时间也更多的缘故，这首歌创下了百万销量

[1]《孙子》，演唱歌手大泉逸郎的正式出道单曲，1999年4月21日发行。

的纪录。

而现在，孙子果真成了稀缺物品。在我的同辈中，家中兄弟姐妹以两人为最多，其次是三个，再来就是独生子女。但现在看看身边的朋友，兄弟姐妹全都结婚并有小孩的家庭，已是微乎其微。

就拿我一群要好的同学来说。我的话，虽然家兄结婚了有小孩，但身为妹妹的我单身无子。比如，A 是独生女，已结婚但没小孩；B 是单身无子，哥哥离婚有小孩，但孩子的监护权在前妻手上；C 已婚有两个小孩，但姐姐离过一次婚，妹妹单身；D 是离婚的单亲妈妈，弟弟结婚有小孩；E 本人和哥哥都已婚，哥哥有小孩，她没有；而 F 和妹妹都已婚有小孩，实属珍贵，但目前和丈夫也处于分居状态……可以说是家家都有本难念的经。

看到这样的状况不难发现，别说是孙子，现在连堂表兄弟姐妹也都是稀缺物品了。我的堂兄弟姐妹加上表兄弟姐妹，总共是九个人。但我的侄女，她只有一个妈妈那边的表哥。考虑到她叔叔舅舅、姑姑阿姨的年龄层，当然也包括我在内，今后想必很难再有堂表弟妹了，所以应该会一直处于没有亲手足，只有一个表哥的状态吧！我心里不禁对她有点过意不去，觉得这个姑姑不争气，真是不好意思！

我们无子一族，在三十几岁的时候，也是有过让父母抱抱孙子的想法。毕竟，当父母年过五十，亲近的朋友圈里就开始有人抱孙子、当上了爷爷奶奶，老是会给他们看自己手机桌面上孙子的照片，告诉他们“孙子好可爱喔！”自然会让父母有一种也想要抱孙子的心情。

当时，家母也曾经对我说：“如果要生的话就早点生啊！再过几年，我就没办法帮你带小孩了啊！”一般都觉得，不得不帮忙照顾孙子，对祖父母而言是一种负担，但对“无孙族”来说，反而觉得“说什么傻话啊！光是有孙子就很幸福了”。

但家兄夫妇没有孩子，过着随心所欲的生活，而我也维持着稳定的单身状态，所以家母在年过五十，甚至上了60岁之后，还是没有机会抱到孙子，连一点迹象都没有。

渐渐地，家母也看开了。在这样的时代里，好不容易把孩子养大，却抱不到孙子的“无孙族”也不在少数，他们也只好相濡以沫，尽量不去问也不去听有关孙子的话题。

但无孙族想抱孙子的心情是毋庸置疑的。如果想要的是小孩，不但能靠自己的努力实现，真的不行时也能彻底死心，但孙子就得靠小孩和他们的另一半，自己不好随便插嘴，就算想帮些什么忙也无能为力，隔靴搔痒的感觉只会愈来愈强烈。

尤其，对一辈子都是家庭主妇的女性（譬如家母）而言，上了年纪之后最大的乐趣就是抱孙子，这也成为最优先的课题。当朋友们都开始聊起孙子有多可爱，自己却无法加入这个话题时，就仿佛凑不齐圆满主妇人生的最后一块拼图。更气人的是，自己明明就安安分分地结婚、生了两个小孩，换句话说，为了抱孙子该做的事都做好做满了，为什么还是抱不到孙子呢？她们心中或许都有“这实在说不过去”的心情吧！

我身为无子族，理解这样的心情，也想象过若是真能让父母抱上孙子，他们会有多开心。但不管再怎么想要恪尽孝道，孩子也不会就这样蹦出来。

没想到就在某一天，家兄夫妇突然生了一个孩子。当然啦！生孩子不会是“突然”的，但总之，就在他们快要放弃的时候，孩子来了。

当时，家父已经过世，很遗憾地没能见上孙子一面；而家母也超过 65 岁了……话虽如此，终于了了一桩心愿。

我这一辈子从来没有如此尊敬家兄，我甚至对他说：“老哥，了不起！干得好！”在那之前，我一直觉得，“哎呀！没小孩就没小孩啊！有什么关系？就算这个家在我们这一代断了香火，也没什么大不了的。虽然有点落寞，但就像现在一样安稳过日子也挺好的。”但家中一有小孩出生，整个气氛顿时“豁然开朗”，我开心到甚至想让辛苦生下孩子的嫂嫂坐上神轿[1]，扛着去游街。

我万万没想到能在今生今世，抱到与自己有血缘关系的婴儿，我小心翼翼地抱着她，在开心的同时也被一种深深的安心感所包围。这种安心感，就是一种“那就轮不到我了吧！”的心情。

当时，我正处于“只要努力就能生”的年纪，现在虽然“很努力的话也不是生不出来”，但若不施点近乎幻术的手段，已经很难怀孕或生产了。但当时是不用拼到这种地步，而是“努力一下就有希望”的年纪。

不过，因为家兄完成了让父母抱孙子的重大使命，我着实有一种“这下子，就轮不到我上场”的解脱感。终于，我不用去冷冻卵子，也不用为了繁衍子孙而跪求谁来神救援了。

无子族的人一起聊天，经常会说到因为有了侄子、侄女（外甥、外甥女），所以已经“安全”了。只要自己的兄弟姐妹

---

[1] 日本祭祀活动时，几个人一起抬的轿子，上面供有牌位。——编者注

当中有一个人有小孩，就好像通过了“让父母抱孙子”这个任务的最低门槛，终于不用再勉强自己了，也不用再苦恼，是不是就算不结婚，至少还是得生个孩子比较好？如果是这样的话那该怎么进行才好咧？话虽如此，都这把年纪了突然要当单亲妈妈也实在太……之类的问题。

因此，无子族会特别疼爱兄弟姊妹的孩子，拼命买玩具和衣服给他们，带他们出去玩，给他们零花钱。正因为自己没有小孩，所以能够不负责任地宠爱他们。当无子族聚集在一起时，还会互相展示侄子、侄女（外甥、外甥女）的照片，就像互相炫耀自己孙子的老婆婆一样，你一言我一语地说：

“哎呦！和侄女这样关系真的就刚刚好啊！”

“要是这是自己的孩子，可真管不动啊！”

“侄女啊！开心的时候和她们玩一玩，玩腻了还可以还给她爸妈。”

我们想要逃避自己无法给兄弟姐妹的孩子添个堂表兄弟姐妹的事实。自己小时候，和堂表兄弟姐妹们玩得那么开心，却没办法给可爱的侄女添个表兄弟姐妹。

而且，无子族将来还得指望兄弟姐妹的孩子替自己办后事。恐怕不只后事，还有晚年的照护、遗物的处理，等等。在我们家的话，肯定就成了我那柔弱小侄女的负担。连很多父母都对自己的孩子说，晚年和后事不会麻烦他们，但我们无子一族，却几乎肯定会给兄弟姐妹的孩子带来困扰。无论小时候我们有多疼爱他们，给过他们多少零花钱，都不足以补偿为他们带来的麻烦。

当我们变成高龄人口时，就会出现大量的侄子、侄女（外甥、外甥女），觉得照顾这些无子的叔伯姑姨是种负担。甥舅叔侄之间的关系，看起来好似亲近，但又和真正的亲子关系完全不同。和叔叔伯伯、姑姑阿姨商量生活中的大小事还可以，但如果还得照料他们的老年生活，那就只是如不良债权般的麻烦人物而已。毕竟，照料亲生母亲大小便和照料姑姑的，感到负担的程度可是有天壤之别。

有甥侄的无子族最常得到的结论就是，“最终还是钱的问题……”若希望老了尽量不要麻烦晚辈，就必须住进养老院处理自己的晚年生活，于是最不可或缺的就是钱。

“话虽这么说，但临终的时候还是得靠他们帮忙处理，所以还是得在身后留一点钱才行。”

"还有，不要留下任何东西！光是整理父母的遗物就够辛苦了，谁愿意整理姑姑的遗物啊！必须尽量减少身边的东西。"

"唉！要留东西的话，也只能是铂金包、钻石之类，往后也能用得到的东西。"

"就是别留下东西，留钱就好。"

我的侄女现在才6岁，但姑姑我已经开始苦恼，"如果等她找到一个好对象结婚，帮我料理身后事……唉！等到我超过75岁了，侄女也年过三十，靠得住了吧？在那之前，我只能多加油了。又或者，我会在晚年来临之前就死了呢！"

社交网络服务

生儿育女近来俨然已经形成一股小小风潮，因为它是“只有被拣选的人才能做的事”。前些日子一本名为《家庭主妇2.0》[1]（文艺春秋）的书正好出版，内容提到，在美国有愈来愈多毕业于哈佛或耶鲁等名校、工作经历丰富的女性，在婚后自愿辞去工作，变身为超级家庭主妇。若这个趋势在美国真的越

---

[1] 原文书名为 *Homeward Bound: Why Women Are Embracing the New Domesticity*，作者是 Emily Matchar，Simon & Schuster，2013 年 5 月 7 日出版。内容讲述，愈来愈多受过高等教育的年轻人投入过去妈妈、祖母辈恨不得甩开的家务劳动，或甚至完全离开传统事业与公司文化，“屈就”较低层的、以家为中心的生活方式，作者称此趋势为“新家务运动”（New Domesticity），同时分析其吸引力及潜在的危机，探索它可能会如何重新塑造女性的社会角色、对社会产生何种影响。

来越强，或许也会影响日本，让更多人认可家庭主妇也是一项值得下苦功、具备创造性的工作。

日本出生率之所以微幅增加，背后有各式各样的原因。毕竟，政府甚至特别增设了“少子化对策主管大臣”一职，若出生率依然没有一点起色，国家的面子可就不保。

内阁府还召开了“突破少子化危机项目小组”会议。这个名字听起来很酷的会议，以前曾因提出发放《女性手册》的计划，遭受各界抨击，因而声名大噪。这次引发的讨论则是“决定数字目标”，具体来说，就是讨论在 2020—2030 年期间，将出生率恢复到 20.7‰的目标是否恰当。

果不其然，定数字目标的想法，再度引发了社会各界的责难。理由不外乎国家不该干预个人生活方式，以及人生也应该有“不生小孩”这个选项，等等。

回想战时，国家曾经不断提倡“增产报国”，不知道是不是因为日本人对这件事记忆犹新，有些人对于国家干涉个人是否生育的问题，非常反感。他们认为政府只要能营造出一个对生儿育女很友善的环境，小孩自然就会增加。否则光是高喊“快生吧！快生吧！”对出生率也不会有什么帮助。

我也不是不了解项目小组成员的想法，大概就是认为制度又不是他们可以突然改变的，只能从能力范围所及的事情做起。而无论在面对人生或少子化问题上，目标都非常重要，一定要定得高一点才好。

的确，就以日本的观光政策来说，2003 年推出的“Visit Japan Campaign（VJC）”就非常成功。当时定下的目标，是希望在 2010 年前，把原本每年 520 多万的访日外国观光客人数，提高到每年 1000 万人次。确定这个目标后，经历了雷曼兄弟破产、东日本大地震等天灾人祸，终于在 2013 年突破了期盼已久的 1000 万人次大关。现在，我们在日常生活中，也的确感受到外国观光客变多了！

所以少子化的问题，说不定也可以借由设定目标，让各种措施发展为更具体的作为。实际上，即使设定数字目标的做法屡遭抨击，第三次安倍内阁提出的“一亿总活跃社会”政策中，依然定下了“希望出生率”达到 18‰的目标。所谓的“希望出生率”是指“想生的人都能生”，所以好像也没有强迫那些不想生的人一定要生的意思，害我不禁想要为自己对达成政府目标毫无贡献，只会扯后腿而道歉。

唉！如果可以让国家变好，要我道几次歉都可以。但问题在于，设定数字目标真的有效吗？我始终认为，在少子化政策上设定目标，与在观光政策上设定目标，是相当不同的。

举例来说，邻国韩国也与日本一样面临少子化的问题，程度甚至更为严重。韩国政府也曾经提出不少口号，根据我询问一些韩国友人后得知，过去推出的口号包括“晚生不利健康”、“二十几岁就结婚、三十几岁生两子，生活健康又幸福”，等等。

“二十几岁就结婚、三十几岁生两子”的说法，是由国家提出的一种“理想的生活模式”，就是近似于数字目标的口号了。

然而，即使提出了如此轮廓清晰的口号，韩国的出生率也没有显著的上升。毕竟，当问题涉及个人生活模式时，若无法清楚回答为什么非这么做不可，并且提出让人觉得非此不可的模板，光靠数字并无法改变人心。

比起目标或口号这类“高举”在国民头顶上的东西，有效的少子化解决方案，其实在脚下。换言之，就是在围绕着我们生活的网络世界里。

关于出生率的微幅增加，我认为网络世界，尤其是社交网络服务（Social Networking Service，SNS）扮演了举足轻重的角色。

就拿博客来说。近来生了小孩的女艺人们，都会在博客里分享她们育儿的乐趣与辛劳。虽然偶尔也会被批评“便当菜也太惨不忍睹了！”或是“根本不懂怎么照顾生病的小孩”，但许多妈妈明星趁势推出品牌童装、出书等，很懂得借力使力，让大量的曝光、讨论，转换为强劲的购买力。

看见这些妈妈明星的样子，或许可以让人觉得自己的育儿方法比那个谁谁谁好多了，或是有更多人觉得，如果连某某某都能养小孩的话，自己当然也做得到，甚至养小孩看起来好像还蛮轻松、挺有趣的。

无论何人，妈妈明星们的博客，基本上带给女性的是对于育儿的正面认知。此外，比明星博客更具效果的，或许是一般人在网络上公开分享的育儿经验。

譬如说脸书（Facebook）。虽然脸书上的帖文、照片，一般都只公开给认识的人，但对于正处于育儿阶段的人，帖文中有关小孩的内容自然也会变多。从怀孕时期就公开自己大腹便便的模样，产后也会放上婴儿刚刚出生时的照片，向大家宣告：“宝宝平安诞生啰！”

这些话题的赞数通常会暴增，留言里也清一色都是祝福。

我觉得这一类的帖文，在“生子意识”上能为观看者带来很大的刺激。那些二三十岁，正处于结婚、生产黄金时期的单身女性，在网络上看到身边的朋友一个个地结婚、生小孩，一定会觉得羡慕或是感到焦虑。

我认为这种焦虑的感觉，正是少子化问题的良药。妈妈明星们的生产、育儿当然也是，但看到现实生活中身边的朋友，在网络上分享生产、育儿的经验，并收到大家的祝福，自然就会希望自己也能早点和她们一样。

会在脸书上发文，基本上都是要炫耀充实的现实生活。自己下厨做的料理、造访过的地方、其乐融融的家人……放上这类照片时，就是在期待得到称赞留言，“哇！好赞喔！”“你好棒！”虽然偶尔也会放上一些自嘲的内容，但其实也是在炫耀，自己一点都不在意公开这些糗事。

其中，最具“票房保证威力”的，就是有关小孩的话题。只要是有关小孩的帖文，一定都能获得“好可爱喔！”“长好大了！”“养小孩真辛苦！”之类的称赞，自然会觉得很值得。

而无子族只能羡慕地旁观，“真好！都有这些事可以炫耀”。毕竟，无子族能炫耀的也只有工作而已，但有关工作的帖文，只会因为炫耀的色彩太过浓厚而惹人讨厌。

我所处的时代，在结婚、生产的高峰期，社交网络服务尚未如此发达，哪个朋友结婚或是生小孩，都是靠口耳相传才得知。不像现在，包括看似幸福的画面、来自他人的祝福，全都通过网络直接展现在你的眼前。

这或许正是我那一代的人，不会因为着急而结婚、生小孩的部分原因。让人产生焦虑感的因素比较少，所以才没发现自己已被狠狠甩在后面的危机。

我同时也觉得，现在的年轻人不得不一直接触社交网络服务，真的好辛苦。我认识的一个年轻女性，刚生完小孩，就把小婴儿的照片上传脸书，她的同学A小姐留言恭喜她，结果这位年轻的妈妈回应说：“A啊！我说你也别老是祝福别人，赶快自己也生一个啊！很可爱喔！”当我看到这样的一来一往，只有一个感觉就是：“幸福的人怎么如此残忍啊……”

这等于是在大家面前公然对A小姐说：“你也快点变得跟我一样幸福啊！”A小姐或许很受伤，也或许真的会因此奋发图强，觉得不能再发呆了，一定要加把劲结婚生小孩！社交网络服务就是网络上的“社会”，只要我们一日身为日本人，就绝对不会希望自己背离社会的规范。

相对的，我所处的时代不隶属一般的社会，也不隶属网络上的社会。在脸书上看到婴儿的照片，也不再感到焦虑，顶多觉得像孙子一样可爱而已。

想要驱动日本人，并不需要利刃，只要让他们“想和大家一样”就好。所以在少子化对策上，社交网络服务势必成为非常重要的手段。就算是假象也好，只要一般人也拼命把“生产、育儿，幸福又快乐”的样子放到网络上，或许就会让今后的出生率增加了也说不定。

独当一面

一个人要结了婚才算是大人，说得更准确一点，是生了小孩才算真正的大人……现在已经很少听到这样的说法了，其中一个原因就是“人权意识”。现今在职场中，“没结婚、没生小孩，人格就不健全”的说法若处理不当，一不小心就可能涉及法律问题。

所以，不会再有上司对部属说：“你也赶快结婚啊！一直单身的话，别人会认为你无法在工作上独当一面喔！”

过去，还真有人因为受不了公司里这种多管闲事的唠叨，最后匆匆忙忙结婚了。所以，人权意识的高涨与出生率的低下，是明显相关的。

我认为还有一个可能的原因是，单身、无子族已经多到都没办法再说这样的话了。由于晚婚化、少子化现象并非单一原因造成，种种理由导致无子族人口增加，于是在私生活上，即使没有通过“结婚生子”这个被视为能够独当一面的门槛，只要工作能力佳，就会获得重用；不问男女，即使单身或无子，也可以获得晋升机会。私生活与工作上独当一面的基准不同，已经成为一个不言自明的事实。

在政治的世界里，小泉纯一郎当上首相时，让我深觉日本终于也变了！对于反对夫妻异姓[1]、主张家庭第一的保守政党自民党来说，有小孩但离婚又单身的小泉，应该算是私生活上“政治不正确”的人，却反而成为他受欢迎的原因之一。

在第一次安倍内阁时，我同样大吃一惊，想不到没小孩的人竟然能当首相！因为我一直觉得，自民党不就是一个重视家族繁荣、要让子孙继承政治资源的政党吗？虽然安倍的祖父、父亲都是伟人，但竟让没有孩子的人当首相，自民党要不要紧啊？

---

[1] 日本现行民法规定，夫妇结婚时双方必须随其中一方的姓。而在父权社会的传统下，96% 都是妻子改从夫姓。

或许就是因为我们看到愈来愈多无子或单身的人，在国家或企业中活跃、成功的身影，慢慢开始觉得，一个人在结婚、生子之后才能独当一面的说法，其实是错的。社会上有很多人就算没结婚生子，也很活跃、成功，也有很多人就算结了婚、生了很多孩子，在待人处事上仍旧一塌糊涂。

为什么会有结婚、生子之后，一个人才能独当一面的说法呢？或许是因为不这么做，下一代就不会繁荣吧！无论结婚或生子，都不是普通的辛苦，尤其在父权体制强大的时代里，女性婚后势必辛苦是不争的事实。但大家还是要结婚的原因无他，就是在经济、社会或生存上，都没有别的选择。尤其，一般女性若不结婚就活不下去，而男性不结婚的话，就会被贴上对日本人而言最可怕的标签：“不正常”。

也就是说，不结婚生子就不能独当一面的说法，是先人为了不让日本人灭绝而代代相传下来的智慧。大人对年轻人这么说，给他们压力，以防他们逃避结婚生子的苦行。而结婚有小孩的人，不甘愿看到单身的人不用背负成家的辛苦、整日轻松游荡的样子，就把以前别人对自己说的这番话，拿来告诫单身的人。

至今，在单身者或无子族不在场的地方，或许仍有人会窃窃私语："没结婚生小孩的人就是不靠谱啊！"但是，整体社会开始注重遵循法律，这一类的说法也悄悄地"地下化"了。

还有一句话也经常听到，那就是"有小孩之后才明白的事太多了！"这句话隐藏的意思就是，我们可是知道很多无子族不知道的事。而且，所谓"有小孩之后才明白的事"，不外乎就是不求回报的爱、养儿方知父母恩之类正面的事。换言之，这也能曲解成，无子族全都在不知道这些美好的状况下，虚度了岁月呢！

新手爸妈因为孩子带来的非日常化体验和幸福感受激动不已，所以即使在无子族面前，也会说出"有小孩之后才明白的事太多了！""让我成长了好多！"之类的话。我们虽然心里觉得，你的意思就是我不思长进对吧！嘴上也只能说："对啊！真是太好了！真的恭喜你呀！"

无子族偶尔也会试着思考，所谓"有小孩之后才明白的事"到底是什么？第一个想到的当然就是满满的爱，觉得自己的孩子可爱得不得了。据说亲子之爱与男女之情截然不同。接着就是会萌生出一种自我牺牲的精神，觉得自己怎样都无所谓，但无论如何都要保护孩子。总之，有了孩子之后领悟到的，都是崇高无私的精神。

的确，有小孩的人就是温柔。这世上名为“妈妈”的人，有时候甚至非常关心、同情毫无关系的陌生人，对老人、小孩也都很体贴。有小孩的家庭主妇还会对我说：“工作的人都很忙很辛苦。来，这个给你吃！”当我受到这般贴心对待时，都不禁觉得果然世上只有妈妈好！

不过，如果“有小孩之后才明白的事”真有这般崇高，对人类带来莫大的影响，那为人父母者理当不会犯罪才是。但社会上接连不断发生父母生而不养、虐待等，让自己孩子身陷危险的事件；为人父母却犯下骇人案件的新闻，也是屡见不鲜。

产后的妈妈会把满溢的爱灌注在孩子身上，似乎有部分原因是受到荷尔蒙影响。据说，催产素（Oxytocin）这种荷尔蒙，会在母亲泌乳时分泌，因而激发出母性，让母子间的感情更加深厚，是一种会让妈妈想要疼爱自己孩子的荷尔蒙。另外，女性产后分泌的荷尔蒙泌乳素（Prolactin），也同样有让妈妈觉得自己孩子可爱的作用。

当我听到这些说法，恍然大悟的同时，也不禁觉得“什么跟什么嘛”。在听到“有些事在有了小孩之后才明白”这句话的时候，我以为有了小孩能让一个人的思考更深刻、心灵也有所成长，达到某种无子族无法企及的高度。如果只是因为荷尔蒙分泌所以会爱小孩，那跟肚子饿了所以想吃饭的行为有什么两样？也就是说，和精神上的成长根本没关系嘛！

当然，我相信在荷尔蒙分泌的同时，妈妈们都是拼命地在思考、努力，如何爱她们的孩子，想要好好扶养他们长大。那虐待自己的孩子或是生了却不养的妈妈，该不会是在某个时期荷尔蒙枯竭了吧……

若是如此，只要把荷尔蒙当作药物服用，或许快要放弃育儿的妈妈，也能再努力下去。有小孩的人往往觉得，无子族根本不懂什么是重要的事，那如果服用了荷尔蒙，我们会不会就变成了“深明事理”的人呢？

正当我这么想时，还真的发现了“催产素喷雾”（Oxytocin Spray）这种产品。我在搜寻“催产素”时，右侧的字段竟然出现了“催产素喷雾／亚马逊”“催产素在乐天”等好几种广告。

我看了一下从海外直接发货的催产素喷雾说明，竟然出现了以下文案：

“帮助您增进人际关系，维持朋友情谊，与陌生人之间建立起信任。”

"维系爱情、友情，甚至和陌生人之间产生信赖关系。"

原来现在连这种"精神性"的东西也能用钱买啊！真让人感慨万千。当然产品功效还不至于写上"连不爱小孩的妈妈也能变得爱小孩喔！"但至少表示无论是"更深厚的爱"或"长远的人际关系"，竟然不需要靠精神上的努力，而是用类似药物的东西就能达到某种效果了。

在少子化的现代，有一个很大的问题是，很多男女并没有想要小孩的心情。所以国家和地方政府都努力地想要打造更有利于职业女性育儿的制度与环境，以激发她们想生小孩的念头；另一股新的趋势则是，让女性在高中左右的年纪，就接触到孩子可爱的模样，酝酿她们想要小孩的渴望。

若是这样，或许只要暗地里为年轻男女注射某种荷尔蒙，就算制度或设施多少有点不完善，女性就会想生得要命，男性也会要命地想让别人生。

这种仿佛科幻电影般的想象，令人不寒而栗，但眼下政府无论多么努力对抗少子化的问题，出生率依旧没有什么起色。

如果大家都认定"有些事只有生了孩子的人才知道"，事情就很可能发展到利用荷尔蒙的问题上。有小孩的人的确体贴、温柔，但这世上也有像德雷莎修女一样，即使没有小孩也拥有大爱的人。此外，在目前问题重重的日韩关系上，两国的领导人都是无子族，如果真的没小孩就不行的话，那问题不就大了吗？

因此我觉得，只有坚持“就算没有小孩，只要努力就能什么都知道”的论点，才能让社会更圆满一点。我也尽可能想要变成懂得体贴别人的人啊！真的。

各退一步

我每年都有一次机会造访住家附近的区立小学。这所小学每年都会为六年级的学生举办一个类似“职业讲座”的活动，先用问卷调查小学生们梦想的职业，再邀请该职业的相关人士到校进行实际交流。邻居太太告诉我，也有一些小朋友想要成为作家，于是我受邀参加了三次左右。

小男孩的梦想职业中，最热门的不外乎是足球或棒球选手，所以会有一些东京足球俱乐部（Tokyo Football Club）或东京养乐多燕子队（Tokyo Yakult Swallows）的前任选手来访；而广受小女孩欢迎的职业，如甜点师傅、面包店员工、幼儿园老师等，则都是来自左邻右舍；车站站长、警官、自卫队等比较严肃的工作多半以制服登场，很是帅气；另外，也有不少小朋友想要成为偶像明星，所以也会邀请演艺经纪公司的人来交流。

光是看到这讲师的阵容，连我这个大人都感到兴奋，不禁感叹原来孩子们的将来有这么多的选择。

活动进行的方式是，在体育馆里设置许多像是算命摊一样的摊位，讲师坐在各自的摊位里，小朋友可以到自己感兴趣的职业摊位去参观、发问，一小时的时间大约可以和三位讲师交流。

我听说最近的小孩都很人小鬼大，但实际接触后发现，他们真的是很可爱。有个孩子说：“我妈妈是你的粉丝！”我问：“谢谢，那妈妈几岁啊？”结果年纪比我小很多很多……来我摊位的孩子，我都会教他们写好作文的诀窍，当作奖励。

结束和小朋友的交流后，我们也顺道在学校一起吃营养午餐。白饭配牛奶的组合，真的是无比怀念……

这个活动虽然非常有趣，但我总是在想，现在的孩子也真是辛苦，竟然这么早就得思考未来的路了。回想自己六年级的时候，压根儿没想过未来的自己会是什么样子。小学毕业纪念册里有一栏要写“未来的梦想”，因为当时整体社会气氛并不允许我们写“并没有”，所以我好像写了一个自己刚认识的时髦词语“室内设计师”吧！

我想现在的孩子，其实也是差不多的感觉。六年级时的梦想，长大后真的会实现的毕竟是少数，在活动里没有出现的职业“上班族”，反而是实际就职概率最高的工作。

即使如此，大人们还是认为，在现今这个年代，最好从这个年纪就养成思考未来工作的习惯。虽说是小学生，六年级也已经 12 岁了，若是高中毕业就工作的话，的确有可能六年后就进入社会了。所以从这个年纪开始思考工作的事，似乎也不算太早。

而且我认为，孩子不是“自己长成”大人的，而是父母、老师、周遭的人，齐力“把他们变成”大人的。我也曾以为我是靠自己的力量长大的，但其实从小的衣食住行全是父母给的；开始上学之后，基本教育方针也已制定，全是为了让我们更接近父母心目中理想大人的形象；零花钱的金额也是由父母决定。我们家的家风已算是自由、开明，但其实在某种程度上，这个自由也是以父母指示的大方向为前提。

一想到让一个孩子身心健康地长大，找到自己想做的事、喜欢的事，并且能够自立，是一项多么宏大的工程，我就再次确认自己实在没有办法养育小孩。因为，想要活得自由自在，需要很大的决断力，而父母必须通过教育，培养小孩具备这样的决断力。

刚好朋友的小孩就是这个小学的六年级学生，所以活动结束之后，我和朋友约了一起去喝茶。我一边喝茶一边感慨万千地说："要把孩子好好养大，真的好了不起……"这个朋友和我从小学开始就一直是同学，几乎一起度过了绝大部分的青春岁月，而她现在是三个孩子的母亲，孩子们又是要升学考试又是青春期的，正是辛苦的时期。

"要把孩子好好养大，真的好了不起……"这句话，我们无子族好久以前就一直挂在嘴边了。现在有小孩的人，多半从25岁左右开始就接二连三地生小孩，当她们的孩子还小时，看到她们为了照顾小孩连觉都不能好好睡，无子族就常常会脱口而出："要把孩子好好养大，真的好了不起……"

当然，有时候是因为我们也只能这么说。当孩子还小时，是有子族与无子族之间隔阂最深的时期。在友谊热络的青春时代之后，慢慢开始有人结婚，但只要还没有小孩，友谊便还能持续下去。不过一旦生了小孩，朋友间的关系就再也回不去了。

这是自然的法则，因为女人一旦变成了母亲，眼里就只有小孩。她们想要聊的，不是前阵子联谊认识的男人，也不是下次去夏威夷玩好不好，而是自己的孩子，还有育儿的辛劳。

不仅是话题改变了，连见面的时间也开始谈不拢，正在育儿阶段的人顶多只能平日出来吃个午餐，但这对有工作在身的无子族来说，简直是不可能的任务，于是双方见面的频率也骤然减少。

于是，感情再好的朋友，也会自然而然就分裂成有子族和无子族。有子族当然想和能聊妈妈经的人，一起分享育儿甘苦。而我们无子族，就算觉得朋友的孩子再可爱，也无法接受聊天话题总围着孩子打转，结果就是物以类聚，夜里聚在一起大聊单身的话题。

青春时代曾经无话不谈的朋友，只因为有了孩子就疏远，虽说是无可奈何，也真叫人感到落寞。于是有些人就会起哄："你也去结婚啊！""你是生不出来吗？"（2014 年，东京都某位女性议员在议会上针对不孕女性的支持系统发言时，就有人在一旁说这些风凉话）。无子族听到这些话的瞬间，说不定的确会突然觉得"好啊！"（但那个年代一般大众的人权意识已经大幅提升），结果又持续过着悠然自得的单身生活。

有子族一国、无子族一国，各自"同病相怜"的状态，可能持续了有十年以上，很难不让人觉得，和有子族的友谊应该是走到尽头了吧！

不过，事情的发展并没有那么糟，因为年过四十之后，有子族终于来到了所谓“可以放手”的状态，又可以在晚上出门了。

于是，彼此的友谊再度复活，而且有趣的是，就好像中间什么事情都没发生过一样。青春时代的感觉像是被真空冷冻干燥了一般保存完好，大家就像以前一样净说些傻话，还大聊彼此的前男友，“某某某当时一定是脑袋有洞了吧！”

不知不觉间，我也能够开心地参与有子族的妈妈经了。当她们的孩子还小时，听她们不断说起身体的疲累，给予她们抚慰，但现在孩子渐渐大了，在替孩子思考未来之际，还必须尊重他们懂事后的自我意志。有些朋友整天苦叹：“事情怎么会变成这样？”有些人则被洗衣、做饭等大量的家事追着跑。看到她们的身影，“要把孩子好好养大，真的好了不起……”这句话，真的是打从心底浮现。

有子族听了会说：“你在说什么啊？酒井你一直努力工作，那才了不起呢！”但工作的辛苦怎么比得上养儿育女的辛苦呢！“没有，没有，我这算什么。”“你太谦虚了啦！”我们可以这样肯定彼此，也是因为我们都是成熟大人了吧！

有子族和无子族的各退一步，是在明白不管有没有小孩，要变成大人本身就很辛苦的事实后，才得以实现。朋友们在了解彼此身负的重担后，再度相聚、互相扶持。

和三十几岁的女生聊天时，经常会听到她们说起，好朋友生了孩子之后就变得疏远，觉得很失落之类的事。我都安慰她们：“那只是现在而已，再等上一阵子，友情又会复活的，别担心！”也或许，比较好的做法是激励她们“你不会也去生喔！”但这种事也只有天知道啊……

该放手的时候

我才二十几岁的时候，家母经常对我说：“没结婚不要紧，只生个孩子也行啊！”或许在她心中，结婚并不是个太愉快的经验，但生儿育女却很值得，也很开心，所以才这么说。

结果，我依然一路错过这两件事直到现在。话说回来，最近已经很少有人对我说“只生个孩子也行啊！”这句话了，我想这或许是一种时代的变化。之前听到大臣说出“生产机器”一词，或是东京都议会里性骚扰发言引发问题时，我都感叹日本人的观念根本完全没变。但或许也因为这些骚动，社会上似乎慢慢形成了一股“话不能乱说”的气氛，所以已不再有人随随便便就对我说：“只生个孩子也行啊！”

正当我这么以为的时候，却又突然发现其实并非如此。即使是现在，女性到了生育年龄（不是适婚年龄），周围的人还是会一直催她快生快生。之所以不再有人这么对我说，单纯是因为我已经过了生育年龄罢了。

仔细想想，最初有人常对我说“只生个孩子也行啊！”是在35岁左右。而经常这么说的人，就是那些有小孩的朋友。她们虽然正处于育儿最辛苦的时期，但同时也是身为母亲最充实的时期，出于一种希望好朋友也尝尝这份幸福与充实的心情，才会对我说“只生个孩子也行啊！”

不光是有小孩的朋友，当时已经结束育儿生活的大人，好像也时常对我说：“有小孩很好喔！”或是“婚什么时候都能结，但生小孩可不一样，要好好想一想喔！”

从政治正确的观点来看，这些发言已经构成性骚扰了。但这般一步一个脚印的“生子”传教活动，或许在深受少子化问题所困的日本，扮演了重要的角色。

生子传教活动的主要对象就是单身女性。对于那些已婚无子，为了求子而努力接受不孕症治疗的人，自然不好再说出“生个孩子吧！”之类的话，所以目标对象还是单身的人。

但同样是单身，男性却不会成为传教活动的目标。虽然有人会劝单身男性结婚，但不会有人跳过结婚这一关，直接对他们说："至少生个孩子吧！"因为男性不是"生产机器"，所以只会对他们说，先结婚，把生产机器弄到手再说吧！

我们的确是"生产机器"，正因为如此，家母才能说出"没结婚不要紧，只生个孩子也行啊！"这样的话。

只是大家似乎没有发现，光有机器没有原料，也无法制造产品啊！若不激励一下原料供货商，就算机器们干劲十足地说："我要开始生产啰！"也只是白忙一场。

不过，面对如此处境的单身女性，在年过四十之后，就不会再听到别人对你说"只生个孩子也行啊！"

或许是因为在周遭人看来，这个人都快四十了，已经和怀孕、生产不太有关系，本人看起来也没那个意思，不如就放过她们吧！

虽然现在年过四十才第一次生产的大有人在。不过，随着卵子老化，年纪愈大就愈不容易怀孕，就算怀孕了，孩子罹患唐氏综合征的概率也会变高，问题很多。35 岁左右，还会有人对你说："完全没问题，现在高龄产妇那么多，你体力又还很好。"但过了 40 岁之后，连传教士也不再有"完全没问题"的自信了。

其实我自己直到40岁之前，都还觉得若是机缘巧合下怀孕了，也不是不能生。但一过了四十，自然就陷入了想必是不会有这种事的心情。万一怀孕了，恐怕也只会感到困扰，现在才开始养儿育女？该怎么办啊？我。

努力接受不孕症治疗的已婚朋友也一样，年过四十之后，就慢慢开始有了放弃的念头。当然，这世上有很多人年过四十仍不放弃希望，继续接受治疗，甚至有些名人五十几岁才生产，但这都仅限于有钱且条件优越的人。

听到拼命做不孕症治疗的人说：“总觉得，我已经累了……”传教士大概会说：“为什么不早点开始呢？卵子愈年轻愈容易受孕，这不是常识吗？”但我好想说：“这话光对女人说也没用啊！”她们从年轻时就想要孩子，但（不知道是不是仅限于）日本男性的特征就是，当女人一说想要孩子，他们就马上腿软想要逃跑。所以愈是诚实的女性，就愈容易碰到当她们告诉男方想要孩子时，对方就抽身逃跑的经验。等到过了35岁，好不容易结了婚，接受不孕症治疗却不顺利，错也不在她们身上啊！

所以务实一点的女性，在自己心仪的男性面前，绝对不会把“想要小孩”挂在嘴上，也不会写在脸上。但她们会暗地里精心布局设法捕获精子，巧妙地把局面导向奉子成婚。

诚实的女性，很诚实地表达想要孩子的想法，直到年过四十才突然发现，原来，愈是把“想要”说出口，孩子就离自己愈远。看起来也不是特别想要孩子的朋友，“蹦蹦蹦”地都已经生了三个，而我明明那么渴望有个孩子，为什么运气这么不好……也太没有天理了。

总之，没有孩子的女性，到了 40 岁左右，就会来到是否要放弃的分岔路口。看起来显然是一条平坦大道的，当然就是“放弃”这条路。只要决定放弃，至少就能先摆脱“还是生比较好吧？”“要怎么做才生得出来呢？”这些郁闷的心情，精神上也终于获得平静。而且，周围的人对于已经放弃的人会特别温柔，不断在鼓吹“只生个孩子也行啊！”的传教士，也终于愿意做出结论“原来那个人是无神论者”，为一切的传教活动画下句号。所以，大半的无子族因为怕麻烦，自然就往这条路上走去。

另一方面，选择“不放弃”的人，通常都极具行动力。不孕症的治疗不但花钱，在精神和肉体上的负担都不是开玩笑的。单身的人还必须探寻如冷冻卵子或到美国借精等各种途径。至于即使如此艰难还是不放弃的原因，曾有一位持续尝试不孕症治疗的朋友告诉我：“就在快要停经之前，我突然听到来自天上的声音说：‘不能再这样下去了！’”

世间对于不放弃的人是很严厉的，他们会说：“你想要孩子就想到这种程度吗？”“事到如今，也只能接受这就是你的命，差不多该放弃了吧！”虽然举国上下都在说，再不想办法解决少子化的问题，这个国家就看不到未来，但世间期待的是，拥有健康卵子的女性多生一点，可不会举双手赞成卵子已经老化的中年女性，还拼命要生。至于那种不知怎么地就怀孕了，“小孩生小孩”的年轻妈妈，毕竟卵子还很年轻，世间的眼光也相对友善。

在这样的社会氛围下，仍在不孕症治疗中“不放弃的人”，不但无法和周围的人分享自己经历的辛苦，还得遭受批评的眼光，“早知如此，就趁年轻的时候生啊！都已经中年还拼命想要怀孕，不过是自我满足而已”。

最近，不管是畅销金曲或是心灵成长书籍，都大力主张“不要放弃梦想”。不过，它们想象的是年轻人追求的梦想，而不是中年女性对于怀孕的梦想。

选择不放弃的人，最辛苦的或许不是过程本身，而是要对抗这些眼光与氛围。其实，对选择不放弃的人最严苛的，就是选择放弃的人。像我这样放弃的人，虽说放弃了，但心底深处多少会担忧“这样真的好吗?”所以看到那些为了怀孕始终不放弃的人，还是有些不安。一想到如果那些人最后真的实现梦想、生了孩子……心情自然很郁闷。还会和放弃的人互相取暖，私底下埋怨，“有必要做到这种程度吗?”“再说，如果现在生了，小孩 20 岁的时候她都几岁了啊? 又是独子，小孩也真是可怜!”

不放弃的人当中，很多都是认真、诚实的人。就是因为她们一直都很诚实地表明想要小孩，男人们才会态度暧昧；就是因为她们太认真工作，怀孕的机会才变少；等到接近生产年限，还是认真地认定，身为女人来到这世界，怎能不生小孩；看到野田圣子时，也能感受到她自觉身为保守政党的一员，不能不生小孩的真挚心情。

怀孕、生产都是自然法则的一部分，并不像工作，只要努力投入就能有相应的成果，所以愈是诚实的女性，愈是无法轻易地就生出孩子。正因为是“自然”，所以诚实、认真不一定能派上用场。

渴望生小孩的人生不出来，没太多想法的人却轻易就怀孕。光是看到这样的状况，就已经充分理解，这世上很多事本来就无法随心所欲啊!

已婚无子族

子の無い人生

我的一位男性友人，已经年过五十，结婚二十几年都没有小孩。没有小孩的夫妻，感情往往都很不错，时常一起去旅行、打高尔夫球，还养了一只金毛猎犬，每天都过得很充实。

但就在某一天，男方一时鬼迷心窍，和一位三十几岁的女性外遇了。而且，对方还怀了他的小孩。

对方当时也已经过了 35 岁，觉得以后可能也没有怀孕的机会了，所以决定生下小孩。男方虽然觉得对不起太太，但因为他其实想要小孩，所以最后还是和太太离婚，和外遇对象结婚，圆了当爸爸的梦。

当他抱着孩子时，常常碰到陌生人说：“哎哟！跟爷爷一起啊！真好！”他嘴巴上会回说：“不是爷爷啦！”但还是笑得和弥勒佛一样开心。

新生命降临在这世上，是可喜可贺之事，而且看到这位朋友如弥勒佛般的笑脸，就能感受到他是真心想要小孩，但我对两人结婚一事，心里还是不太舒服。

这当然是因为想到了前任太太的心情。试想，结婚多年的先生，有天突然告诉你：“和我交往的女人怀孕了，我要和她结婚。我其实一直都想要小孩，抱歉！”然后你就不得不“被”离婚了。在这二十几年当中，太太其实一直想要怀孕，也做了很多努力，但还是没有小孩的缘分，最后夫妻俩达成共识，一起度过没有小孩的余生。

结果，还有生育能力的先生，只因为还是想要小孩，就轻易地把太太抛弃了。太太所面临的空虚感，是外人无法想象的。我想，太太当然得到了相当多的赡养费，但她心里的缺憾，却是再多金钱与时间都弥补不了的。每当她抚摸留在身边的金毛猎犬，就不得不直视自己心里的伤痛。

每当我看到这样的例子，都不禁觉得，已婚无子族其实比单身无子族更辛苦。在前言里，我提到过没有小孩的“胜犬”所面临的孤独感，我认为，了解那种孤独感就会明白，女人的人生，生小孩与否远比结婚与否，意义更为重大。

以前曾有已婚无子的人对我说：“没有小孩的夫妻，其实蛮空虚的。”我马上反驳：“你说什么傻话啊！你都结婚了，比我们好太多了啊！有先生在，哪会空虚啊！”但我们单身无子族，没有小孩是理所当然，也已经做好心理准备，凡事都只能靠自己，所以努力工作、和其他单身无子族一起做伴，准备度过一个没有小孩的人生。

相对的，已婚无子族至少还有先生可以依靠，反而不太有一个人生活的心理准备与决心。再加上已经结婚了，被认为理所当然应该有小孩的处境，更是叫人难受。

在日本，结婚无非就是为了生小孩。结了婚但没有小孩，周围的人就会觉得，那你为什么要结婚呢？

为了生小孩而结婚，结了婚却又生不出来，无子族夫妻只好努力再努力。不孕症治疗也不断进化，一些新疗法引发了热烈的讨论。

当我听闻这些不孕症的新疗法，心中不免怀疑，真的有想要到这种地步吗？但这是因为我没结婚的缘故吧！已婚无子族与单身无子族，对于有没有小孩的焦虑，是大不相同的。

对单身无子族而言，没有小孩的失落感，还排在没有结婚之后，并非最大的痛苦。但对已婚无子族而言，没有小孩的事实，却是唯一的缺憾。有些人因为不孕症治疗的事太烦恼，最后精神状况出了问题，因为她们觉得，若无法填补没有小孩的缺憾，人生就无法继续前进。已婚无子族正因为结了婚，所以才觉得非生不可。

所以我一想到结婚二十几年，只因为先生一句“我还是想要小孩”，就“被离婚”的女人，心情就不由得沉重起来。我想男方也曾在某个时候，终于下定决心把想要小孩的希望封存起来，却偏偏在这个时候，眼前竟然出现了“我的孩子”，二十几年的婚姻顿时不战而溃。

男女一结婚，马上就面临要不要怀孕而悲喜交集的状况，我看到这样的案例时，都会想起《源氏物语》里的紫之上。

《源氏物语》简单说来，就是绝代美男子光源氏，爱上一个又一个女人的故事。故事中，光源氏和各种不同年龄、类型的女性都发生了关系，在现代来说的话，就是性爱成瘾的人。

但处处留情的光源氏还是有一个最爱，那就是紫之上。光源氏 18 岁时，偶然遇见紫之上并一见钟情，于是把她诱拐回家，调教成自己喜欢的样子。在现代来说，就是恋童癖再加上绑架犯，但这在当时完全没有问题，紫之上也在光源氏的细心呵护下长大成人。即使光源氏花名在外，紫之上还是他的最爱。

紫之上不是正室，也没有孩子。光源氏谪居明石期间，不但与当地的妻子明石之君间有了孩子，竟然还请紫之上代为照顾这个小孩。温柔的紫之上虽然疼爱这个孩子，但光源氏让无法生育的紫之上扶养自己和别的女人生的孩子，仍不免让人觉得太过残忍。

当时，女人要生孩子才有价值的观念，远胜于现在。在一夫多妻的贵族社会里，后宫佳丽想要脱颖而出，就必须生小孩。所谓母凭子贵，小孩愈有出息，生下他的女人的后半生，就愈是安稳。

因此，对平安时代贵族社会中的女性而言，生子就是最重大的工作。喂母乳由奶妈代劳，麻烦的育儿工作也有侍女接手，她们唯一要做的，就是把小孩生出来而已。

话虽如此，紫之上就是无法生育，再加上她不是正室，能依靠的就只有光源氏对她的爱而已。

就在光源氏即将 40 岁之际，受人之托与贵族之女三之宫成婚。一直以来，紫之上就算不是正室、没有孩子，仍然觉得自己是光源氏的最爱。但一旦身份显贵的正室出现，又有孩子的话，自己的处境就会变得岌岌可危。也就是说，光源氏再度对最爱的紫之上做出了残酷至极的事。

故事后来的发展更是悲惨，因为三之宫在成为光源氏的正室之后，竟怀了别人的孩子。《源氏物语》就是这样一个交织着种种“悲哀”的故事，而其中多数都与“生子”问题息息相关。

不管男人多爱你，你就是赢不了生了孩子的女人。作者紫式部之所以能如此冷静、透彻且露骨地刻画出这个事实，或许正因为她是女人。她身在平安时代的贵族社会里，一定亲眼看见了种种有关生子的血泪故事。

生？不生？生男的？还是女的？然后，这个孩子能多有出息？《源氏物语》告诉我们，女人能凭借生子谷底翻身。同时也深刻描绘出，女人生不了孩子的哀伤、怀孕不被期待时的苦恼。

光源氏在明石当地的妻子明石之君，虽然无法亲手把女儿带大，但女儿长大成人后成为春宫妃，并生下了未来的天皇。明石之君虽然命运多舛，历经千辛万苦，但就因为生下一个孩子，让她成为未来天皇的外祖母，依然被世人称为“幸运之人”。

另一方面，紫之上在37岁时患了重病，一心想要出家却得不到光源氏的同意，只能持续与病魔对抗，年纪轻轻四十几岁就死去了。她这一生无法摆脱的空虚感受，绝非只靠光源氏的爱就能弥补。

女人的人生，生子与否可带来截然不同的结果。“小孩”的威力，足以让爱情这种虚无缥缈的东西轻易地就烟消云散。紫式部的这部作品，不断告诫后世的女人，千万别假装没看见这个事实。

职场与生子

2014年9月，土井多贺子女士与世长辞，享年85岁。土井多贺子女士是第一位女性社会党党魁，也是史上第一位女性众议院院长。看到她的讣告，我感叹这是“一个时代”的终结，而这个时代，就是职业女性和工作结婚的时代。

土井女士终生未嫁，也没有小孩。革新系女性政治家的先驱市川房枝[1]女士也一样终生未婚，她在《日本经济新闻》的专栏《我的履历书》里写道：“我也不是没有过类似恋爱的经

[1] 市川房枝（1893—1981），日本近代妇女运动领导者、政治家，在第二次世界大战前后致力于日本妇女解放运动。

验，只不过我投身于（女性）运动一事，让对方有些介意，所以没有发展下去。毕竟，从男性的角度来看，这种女人与其说缺乏魅力，不如说会使人敬而远之吧！”而护宪派的土井女士，则被称为“与宪法结婚”的女性。

直到不久之前，我们还经常听到工作成为婚姻绊脚石的故事。精明干练的职业女性被问到“你怎么不结婚呢?”时，“我已经嫁给工作了，哈哈哈!”俨然已成为一种标准答案。

不过近来，社会意识与制度都有所改变，倾全力工作但也结婚生子的女性日益增加。不，应该说，如今工作干练又结婚生子的人，才会被视为“真正优秀”的女性，否则就沦为“只懂得工作”的女性而已了。

在2014年9月上旬，第二次安倍改造内阁的名单中，也感觉得到这样的转变。这次改造内阁的亮点之一，就是起用了五位女性阁员，并列史上最高纪录。安倍的政治目标之一是“灵活运用女性能力”，而阁员名单就成了最好的示范。

这五位女性阁员分别为总务大臣高市早苗、法务大臣松岛绿、经济产业大臣小渊优子、国家公安委员会委员长山谷惠理子，以及内阁府特命担当大臣（负责女性活跃、行政改革、消费者与食品安全等项目）有村治子。这五位女性的年龄、经历都各不相同，唯一的共同点就是“已婚”。

也可能她们都是保守政党自民党的议员，所以不会出现像土井多贺子一样“和工作结婚”的人，只会让人觉得，现在已进入女性不结婚就无法搏上位的时代了。

摊开内阁改造隔天的报纸，我更加确认，光是结婚还不行，女性政治家若不生孩子就无法晋升。因为，在逐一介绍新阁员经历与人物侧写的段落里，有小孩的女性阁员，一定都有关于小孩的介绍。

譬如小渊优子的部分就写了，“两个儿子分别就读小学与托儿所，早上都会和小孩一起吃早餐，送他们上学之后才上班”；山谷惠理子的部分是，“一男两女的母亲，曾经出版过多本育儿相关的著作”；而有村治子的则是“两个女儿分别就读小学与托儿所”。

高市与松岛两位没有与小孩有关的内容，从前面三位的关于小孩的记载都很详细的事情可以判断，这两位不太可能是有小孩但没有特别介绍。而经调查后发现，这两位似乎真的是没有小孩。

相对的，关于男性阁员的介绍，有提到小孩的只有防卫大臣江渡聪德，上面写着“家中有三女一男，卡拉 OK 也是拿手绝活之一”。有四个小孩在现今社会也算特殊案例，所以即使是男性仍特别注明。

这样看来就不难理解，对男性政治家而言，有没有小孩不是什么大问题，但对女性政治家而言，小孩是一个重要的加分因素。安倍首相本身并没有小孩，所以男性政治家的政治手腕，比有没有为人父更受重视。

但对女性阁员而言，“有没有为人母”就是重大问题了。报纸上之所以会一一标明是否有小孩，就意味着报社认为这对国民而言是重要的信息。实际上，当天的报纸刊登了一位东京都内女性读者的意见，她在看到女性阁员名单后表示，“原来她们在育儿和生活费上也曾经那么辛苦！”换言之，一般大众希望阁员是曾经和自己经历过相同辛劳的女性。

并没有民众表示，不希望没有经历过育儿辛劳的男性担任阁员，所以“经历和自己相同的辛劳”，是针对女性政治家的特别要求。

当我看到这样的意见，更加肯定像土井多贺子一样的人，若是身在自民党里，绝对无法晋升。而身为保守政党的一员，野田圣子之所以一直拼命求子育儿，也是自有缘由。

放眼全球，无论是撒切尔夫人或梅克尔总理，在政界成功的女性多半都有小孩。而在邻国韩国，单身无子的朴槿惠虽然当上了总统，但那是因为她是“惨遭暗杀的前总统之女”，所以归在圣女贞德路线的特别名额之内。韩国和日本一样是儒教国家，因此出生率在世界排名也都是垫底的水平，今后的发展也极有可能像日本一样，从“小孩是稀缺物品”到“有小孩的人比较伟大”再到“没有小孩的女性政治家，不会明白庶民的心情”。

发生在东京都议会塩村文夏议员身上的性骚扰起哄事件，也明显反映出女性政治家要有小孩才有身价的感觉。

当塩村议员针对孕妇支持与不孕症问题发言时，周围的人竟然起哄说：“早点结婚比较好吧？”听说甚至有人语带嘲讽地挖苦她：“你是不能生吗？”“等你自己生了再说吧！”换言之，那些在旁起哄的男性议员想说的其实是：“你没结婚也没生小孩，有什么资格在这里谈什么孕妇、不孕症的。等你生了小孩再说！”

没有小孩的女性，针对少子化问题发言，这在男性眼里看来的确很好找碴。但说到少子化的问题，我认为“因为时代因素，想生却没生的女性”，或许比“在这样的时代仍坚持生子的女性”，更懂得原因所在。而这些冷嘲热讽也清楚反映出一个事实，那就是社会上仍根深蒂固地认为，出生人口之所以无法增加，都是女人的错。

有小孩的女性议员，在政界的处境比没有小孩的女性议员有利，是在少子化变成重大的社会议题之后。她们可以告诉选民，会将身为妻子、母亲的观点，活用在政界。对于结婚有小孩的职业女性而言，“身为妻子、身为母亲，以及身为 ××”，是固定的自我宣传用语（×× 填入每个人的职业），没有小孩的女性是无法使用这句话的。“身为妻子、身为母亲”的说法是一个固定组合，所以已婚但没小孩的人，光说“身为妻子，以及身为 ××”，就显得不够强而有力。

若是离婚有小孩的女性，“身为母亲，以及身为 ××”的自我宣传，则又十分有效。毕竟，在想要展现自己见多识广时，“母亲”这个头衔远比“妻子”来得有说服力。

至于不是母亲也不是妻子的女性，顶多只能说“我身为女性”。但在安倍首相全力推动女性参与社会之后，这样的说法已没有任何宣传效果了。

这样的现象并不限于政治的世界，也常见于一般社会。由于工作时间受限等原因，一般对小孩还小的女性员工，在职场上被人敬而远之；但当小孩长大之后，比起没有小孩的女性，有小孩的女性却又因为见多识广、较为了解部属心情等原因，而深受肯定。

因此我觉得，今后有更多女性会为了晋升而生小孩。换言之，职业女性将理解到，想要追求更高的职位时，为了展现自己的能力，除了管理能力、语言能力，育儿经验也不可或缺。

正因为如此，当我听到土井多贺子逝世的新闻时，才会觉得是“一个时代的终结”。土井的时代，或追溯到更早之前市川房枝的年代，不考虑结婚生子、全身心投入工作的人，周围的人还会觉得“她和工作结婚了，那也无可奈何”。当时，职业女性还是少数，如市川和土井这般，投身于极具社会意义工作的女性，更是带有一种“牺牲小我、献身社会”的使命感。

然而现在的女性，虽然的确辛苦，但只要努力，任谁都能同时拥有“工作、结婚、生子”。

当然，其中也有像我这般，在工作上不像市川和土井，怀抱着献身社会的使命感，也不是因为什么特别原因就没有结婚生子的人。和我同一年代的人当中，这种情况相当常见，但今后，应该有愈来愈多女性并不想和我们一样，而是期许自己拥有一切，实际上也干劲十足地同时兼顾三者，并在职场上不断晋升，轻轻松松就把我们甩在后面。

过去在职场上，有小孩的女性容易遭受歧视，但今后没有小孩的女性或许也会受到歧视。换言之，就是认定没有育儿经验的女性，一定有什么缺陷。

但没有小孩的女性，也利用不需要养育小孩的时间，累积了各式各样的经验，并非只有生儿育女才能让一个人更有深度。

若看着我们的身影，期许自己不要变得跟我们一样的人增加了，或许就是我们牺牲小我所完成的使命。希望我们身上的“土井遗毒”，多少能为后世带来一点贡献。

牌位

我已经快要50岁了。每次举办女校时代的同学会，我都会算一下该年度的已婚率。到了这把年纪，已婚率大概是六成；换言之，有四成的人没有结婚。接下来也不太可能有很多人结婚，所以这数字应该是到顶了。

也因为这样，我有很多单身的女性朋友，如今也不急着结婚了。甚至觉得“交男朋友的话还可以，结婚就免了吧！”“只想要有一起喝茶聊天的朋友”，几乎已经进入清心寡欲的境界了。

观察那些稍微比我小一点，四十出头的单身女性，都还有想要结婚或是非结不可的心情。甚至有人赌上最后一丝的希望，去参加了婚友社。

这样的差距源自何处？我想还是小孩吧！像我们一样年过四十五的人，多半都觉得已经没办法生育了，自然不会死命地想要结婚。也可以说，我们已经预见现在若结婚下去，接踵而来的就是需要照顾对方晚年的风险。相对的，还没到 45 岁的女性，仍怀抱着一丝希望，再加把劲的话说不定还能生。但时间很明显的已经所剩无几，所以才更让人焦虑。

我们这个年纪的女人，关心的事已经转向自己的晚年、后事。那些孩子年纪还小的中年人，光是操持小孩升学和未来的问题都来不及了，但我们没有小孩好担心，自然就开始思考起自己的将来。

本来我对于自己墓地的问题，是相当放心的。老家的墓地就在东京都内，父母和祖父母都葬在那里，我想自己将来也会葬在那里。虽然可能得麻烦侄女处理一下，但钱的部分倒是可以自己买个保险来应对。

孰知有一天，和一位六十几岁的男性聊天时，他跟我说：“如果酒井小姐一直单身到老死的话，就没办法葬在祖坟里对吧？”我不懂他的意思，他解释：“在我的故乡山口县，单身的人过世后是不能进祖坟的。”我后来问了几个同为单身的同学，她们都异口同声地说："什么跟什么啊！""当然可以葬在祖坟里啊！"但问了另一位六十几岁的单身女性，她也说："我觉得不能葬在祖坟里，不是本来就是这样吗？"我不死心地继续追问："那您过世后要怎么办呢？"她潇洒地说："啊！大概就是请谁帮我把骨灰撒入大海吧！"

我后来又问了很多人，老家在保守的地方都市，或是一定年龄以上的人，都知道单身的人过世后不能葬在祖坟，或是支持这样的说法。而中年以下的人，则多半不知道。于是我这才发现，原来单身的人有可能无法葬在祖坟里。就算我想这么做，但只要哥哥拒绝，似乎就没辙了。

这让我想起以前在冲绳听到的事。当时我在冲绳和一位单身女性聊天，她好像也说过单身的人死后不能进祖坟。她还告诉我，在冲绳这还牵涉"牌位"的问题。

日本常用的牌位，通常都是细长形的，上面记载了个人或是夫妻的法名等。但冲绳的牌位不太一样，是把多个记有历代祖先法名的小型长条状牌位内板，收纳在一个方形的框框里。若把日本常用的牌位比喻成独栋建筑的话，那冲绳式的牌位就好像是公寓一样。

牌位由长男继承，在继承牌位的同时也继承财产。在只有女儿的家庭里，由于没有亲生儿子可以继承牌位，所以会由堂兄弟等父系亲属来继承。但如果连财产也同时继承的话，又会和法律有所抵触。因此，牌位与财产继承的种种原则，以及伴随而来的纠纷，就统称为“ 牌位问题”。

在牌位的相关原则里，单身女性死后是无法进入祖坟的。阅读有关冲绳葬礼与仪式的相关书籍可以知道（顺便一提，冲绳当地的出版社数量非常多，书店里冲绳专区占地之广常令我瞠目结舌），离婚后回到老家的单身女性，死后无法葬入祖坟。虽然会另外准备个人牌位，但个人牌位被认为不吉利而且会带衰一家子，所以不会收进佛坛，而是摆放在厨房西方或北方的小柜子里。

那么不是离婚，而是一辈子都单身的女性，过世后又是怎么处理呢？我试着寻找答案，但相关文献上都没有这种情况的记载。女人结婚后理所当然葬在夫家墓园，除此之外，只有考虑到因故夭折的状况，但从没结过婚、一辈子都单身然后死去的女性，似乎完全不在考虑范围之内。

冲绳自琉球王国时代，就深受儒教影响。在儒教思想当中，让以家父长为首的家族不断繁衍下去，比什么都重要，由于这种观念非常强烈，才会严厉对待离婚回到娘家的女性。这个制度或许也具备了抑制离婚的功能。

没结过婚的单身女性死后，墓地和牌位的问题如何处理呢？为了解开这个谜团，我决定直接造访冲绳。

那是一个深秋之日，但飞机降落在那霸时，迎面而来的却是如夏日一般的艳阳天。我搭上出租车，时不时就在路边看到在日本从未见过的龟甲墓[1]。心中不禁感叹，这片土地上的单身女性，不知道能不能入这个坟啊？

出租车司机大哥非常博学多闻。他告诉我，除了龟甲墓之外，冲绳也有很多破风墓[2]。“还有一种门中墓喔！”他说。所谓的“门中”是指父亲那一方的家族，这种因集合了家族所有成员的墓地，就称为“门中墓”。司机大哥带我经过附近的门中墓，其占地之广让我误以为是某个富人的豪宅，墓地里甚至还有前院和中庭。

据司机大哥说，冲绳的人非常重视墓地、法事，就算不是门中墓，一般的墓地也一定有前院，在农历三月清明之际，全

---

[1] 龟甲墓，又称“龟壳墓”，是一种坟丘像龟壳一样的坟墓。

[2] 破风墓是琉球群岛古代特有的墓地形式，仿造民居而建，一般为高于地面的石室，但不开窗，屋顶呈三角形，两端伸出山墙之外，最具代表性的就是冲绳的“玉陵”。

家人会带着丰盛料理作为供品前往祭拜，扫完墓后就直接在前院一起享用。还有人会演奏三味线[1]或是高歌一曲，所以这一天各处的墓地都好不热闹。

“那我想请问一下，单身的女人死后可以葬进祖坟吗？”我开口问了我最在意的一个问题。“这个嘛！没办法耶！”司机大哥缓缓但斩钉截铁地说。唉！看来传言不假，但我还是不死心地追问：“那这种人的遗骨怎么处理呢？”“大概是拿去寺庙里，请他们代为祭奠吧！”啊！这样啊！

在冲绳没有菩提寺[2]的制度，墓地并不附属于寺庙。丧礼多以佛教方式进行，但并不拘泥于任何宗派。而单身女性死后这种特殊或令人困扰的状况，却是委托寺庙处理。

接着，我造访的目的地是位于那霸市内的佛具店。在那霸市内的开南区，有一处称为“佛坛街”的地方，聚集了很多的佛具店。我到处闲逛时，果然发现了牌位。

这是我第一次看到牌位的实物，有一种比较小型的是，从正面看过去由三块牌位内板组成（从后方放入）；另一种比较

[1] 三味线是日本传统乐器，与中国的三弦相近。

[2] 菩提寺是日本一种寺庙的种类，有些家族代代都皈依该寺，并将祖先遗骨埋葬在寺内，祭拜等法事也都在寺中进行。

大型的是，分成上下两排，可以放进几十人的牌位，据说这种类型的牌位，先生的会放在上排，太太的则放在下排。

第一次买牌位的人通常一开始都是买小型的，后来才愈换愈大。

此外，在清明等传统礼俗活动中，用来摆放供品的套盒或是提盒，都很热卖，还有用琉球玻璃、壶屋烧[1]等材质制成的相关佛具，这也是很具冲绳特色的地方。

忽然，我看到了陈列架最上层的角落，有一个细长形的“一人牌位”。我顿时恍然大悟，这或许就是离婚后回到娘家的女性用的牌位。不知道是不是因为得放在厨房的小柜子里，所以才变得那么小。

我在佛具店里“一人牌位”的位置上，似乎窥见了单身女性在儒教社会里的处境。

架上主要的部分，都陈列着华丽耀眼的牌位，外框是采用螺钿[2]或莳绘[3]等精细工艺的漆器，内板的部分是红色的。上

[1] 壶屋烧，是指冲绳县那霸市壶屋地区或读谷村所烧制出来的陶器。

[2] 螺钿，是一种在漆器或木器上镶嵌贝壳薄片或螺蛳壳的装饰工艺。

[3] 莳绘，是在漆器表面以漆描绘纹样图案，趁未干时散洒金银等金属粉末，使其附着于漆器表面的技法。

下两排式的更是有一种威风凛凛的感觉。

相对的，被悄悄放在角落的一人牌位，都是朴素的单色系，没有任何装饰，看起来弱不禁风、无依无靠。

日本有句俗谚说“女人三界无家”[1]。结了婚的女人，死后可以进夫家的墓地、和丈夫在同一个牌位上，也算是有个安身之地。但单身女性死后就得流离失所。这趟关注单身女性死后之旅，我想还会持续一阵子。

---

[1] “女人三界无家”是借用中国佛家的说法，“三界”原指包括在欲望、有形、无形等领域中的所有存在。日本引用后套上更实质的含义，用来指女人的“三从”，即“在家从父，既嫁从夫，夫死从子”，而在这“三从”所涵盖的过去、现在、未来三界当中，女人都无安身之所。

『女始祖』与『冥婚』

我为了了解单身女性死后是否能进祖坟与“牌位问题”而造访了冲绳。在佛具店里看见无依无靠的“一人牌位”后，似乎明白了单身女性在冲绳死后的处境。

让我们再复习一次，冲绳的“牌位”，与日本一人一个或夫妻共享一个牌位的方式不同，是将整个家族全部集中在一起祭拜的公寓式牌位。单身女性死后无法纳入家族牌位，只能把个人牌位视为例外处理。

根据相关书籍指出，这种牌位称为“低佛坛”，绝大多数都是另外安置在厨房西侧或北侧的小柜子里，而不是放在家中佛坛上祭拜。(《一目了然！——冲绳的葬礼、法事与牌位》，

麦社）

为什么单身女性死后不能放在家中佛坛里祭拜呢？因为“会招致厄运”。单身女性死后的牌位称为“イナググヮンス”。以家父长制为基础的牌位有四大禁忌，其中之一就是“イナググヮンス”。其他三项分别为：

“他系混入”，没有父系血缘的人，变成养子或入赘女婿继承牌位。

“压制嫡子”，只要有长男，无论有什么理由，次子以下的人都不能继承牌位。

“兄弟重叠”，兄弟姐妹不能放在同一个牌位里祭拜。次子以下的人要分家出去，另外创建一个以自己为第一代的牌位。

与以上各项并列为禁忌之一的“イナググヮンス”，就是“女始祖”的意思。根据波平惠理子的著作《牌位的民俗学讲座》，“イナグ”就是“女性”的意思，而女始祖的禁忌就是指忌讳继承由女性作为第一代始祖的牌位。终生未婚的女性，或是离婚后回到娘家没有再婚的女性，死后就会被当作女始祖祭拜。至于单身女性死后是否能进祖坟的问题，在冲绳各地也有不同的意见，但“不能进”的说法与牌位问题是相同的根源。

《一目了然！——冲绳的葬礼、法事与牌位》，是一本有关冲绳葬礼、法事与牌位的指南书。在法事盛行、规则也严格的冲绳，这一类书籍如雨后春笋般出版，而且都相当畅销。指南书里非常浅显易懂、直言不讳地写道：“在冲绳，女性不该终生都留在家中，应该在夫家终老，和丈夫一起被视作夫家的祖先祭拜。”此外也写道：“因此未婚或离婚女性死后，并不适合视为牌位来祭拜。”换言之，如果触犯禁忌的话就会发生不好的事。

冲绳果然对单身女性很严厉啊！我后来有一个机会可以亲自拜访《牌位的民俗学讲座》作者波平惠理子老师。波平老师非常开朗，我抱着最后一丝希望问她关于单身女性死后能否入祖坟，以及牌位如何处理的问题……虽然老师的回答是“未婚女性死后应该也能进祖坟”，但加了一个“但書”，可见“女性出嫁在冲绳是一个大前提啊！”我紧接着追问：“但总是有人到死都单身对吧！这种时候该怎么办呢？”老师回答：“女始祖的牌位在家放太久的话会不吉利，所以有时候可能会举行‘グソーニービチ’。”

“グソー”是来世的意思，而“ニービチ”是指结婚，グソーニービチ就是在来世结婚，即所谓的“冥婚”。也就是说，就算死后，都要想办法把会替家族招来厄运的女始祖嫁出去。

冥婚主要的对象是，女性离婚后没有再婚就死去的女始祖，但也不是跟谁都能结。老师说，通常是与前夫在来世再婚。我惊讶地问：“老师您说的是在现世已经离婚的夫妻？由前夫那边回收前妻的牌位……”“当然，如果前夫后来再婚，可能就没办法了。但如果是前夫已经过世，孩子愿意接受的话就没问题。毕竟是自己的母亲啊！”

冥婚成立的话，不仅是牌位，连遗骨也要一起移到前夫家的墓地里。如果是整个家族在一起的门中墓，通常会先洗骨[1]再合葬。因此，女始祖的遗骨由于将来还有可能会举行冥婚，所以会先放在瓦罐里，以方便随时取出。也就是说，即使死后也处于待嫁的状态。

“但是，如果前夫家拒绝冥婚……”

[1] 洗骨，是指在举行过土葬或风葬之后，用海水或酒清洗骨头再度埋葬的丧葬仪式，常见于东南亚、冲绳等地。

“这样的话，就会寄放在寺庙里了。”

如前所述，离过婚的单身女性，死后的牌位被供奉在厨房的柜子里，但那是一个没有去处令人困扰的牌位，如果放太久了还会为家里带厄运。所以单身女性死后对家里而言，就是一个麻烦人物。

我想，如果死后会遭受这样的待遇，冲绳的女性想必会拼了命地结婚，对于离婚也会犹豫不决吧！然而，观察可知，冲绳的终生未婚率、离婚率也是较高的。看来墓地和牌位问题对冲绳的单身者而言，不但没有成为结婚的动力，也没有抑制离婚的效果。

波平老师说，由于社会环境的变化，现在的年轻人已经不知道这些礼俗了。熟知法事等礼俗的祖父母辈都渐渐过世，愈来愈多人得靠看书才懂，这也是相关指南书会如此大行其道的原因。毕竟，人都是到了意识到死亡问题的年纪之后，才开始认真地思考墓地等问题。

这种对于习惯与礼俗的意识，在冲绳也慢慢开始有所变化。据说，有人因为觉得门中的交际很麻烦，所以不去参加亲戚间的聚会，或是尽量不和亲戚往来。牢固的门中组织，通过血缘的联结，发挥了守护家族与个人的功能，但另一方面，这样的关系也让某些人备感压力。

波平老师还有另一个身份，那就是“长男的媳妇”。我问她，办法事之类的一定很辛苦吧？她说：“是啊！一办法事家中就川流不息，会有将近五十位亲戚来家里。他们的餐点，全都是我亲手准备的喔！不过有很多人帮我，而且准备五十人份的食物，是很难得的经验对吧？所以才有趣啊！”她真的是个很正面的人。听她这么一说，我想起在冲绳的超市里，的确看到了会让人误以为是商家在用的巨大锅子，听说那就是在办法事时准备大量餐点用的。

不过，据说最近愈来愈多人不自己准备，而是改买现成的食物。我乘车在冲绳四处闲逛时，的确看到很多餐厅都挂出了“内售前菜拼盘”的广告，据说就是为了法事等场合，特别设计的外送餐点。

“冲绳的法事的确辛苦，其形态不断改变也是理所当然，但看到现代人不看指南书就一无所知，或是原本的地区或家族特色，因指南书而变得均一化，或是礼俗本身已经消失等变化，身为一个冲绳人还是不免觉得失落。”

身为民俗学者、冲绳长媳，波平老师的多重身份，让这种种观点在她身上融合存在。

确实，遵行传统礼俗习惯、崇敬祖先，是冲绳的文化。但另一方面，如女始祖等关于牌位的禁忌，却逐渐不再符合现今时代的潮流。虽然这些规定严格的禁忌，都是为了子孙后世的繁荣，但因少子化、晚婚化、不婚化等时代趋势，不仅造成不得不由女性继承牌位的局面，甚至可能面临无人继承牌位的问题。

波平老师表示，譬如在只有女儿的家庭，双亲过世之后，佛坛就交到女儿的手上。但按理女儿无法继承，只是保管而已，最终还是要由堂兄弟，或是从堂兄弟等男性来继承，这是一直以来的习惯。而近来，女性也能继承牌位的趋势，在冲绳已经成为一个社会问题。

波平老师也造访过位于各处的圣地“御岳”[1]，她说当建造村落的人过世之后，就会葬在御岳的山里。因为村落创始者的身份被神格化，人们到御岳朝圣就如同祭拜祖先。所以牌位和御岳之间，或许也有关联。

---

[1] “岳”在琉球神话中，是指神存在或来访之处，也是祭祀祖先的地方。御岳，是琉球信仰当中“圣地”的总称，用来进行祭祀的场所，在各地有不同的称法，后由首里王府定名为“御岳”。

有关牌位的四项禁忌和墓地的问题，都是为了后世繁荣而建立起来的制度。但制度与时代之间，似乎渐渐产生分歧。那么现在生活在冲绳的人们，又是如何解读这些问题的呢？请看下一节。

传统与现实之间

有一天我突然发现，我也是保管家里牌位的人。虽然我上有兄长，但基于种种原因，我仍住在老家，所以供在老家佛坛上的祖先牌位们（我们老家的习惯是，牌位会有好几个），就由我负责照料。

虽然我不是“继承”了牌位或佛坛，但由我而非长男来负责照料，按冲绳的礼俗来说，大概也是非常不吉利的事吧！而且，如果我死了，势必会变成“女始祖”。最近身边发生一大堆乱七八糟的事，该不会就是因为是我在照料佛坛所造成的？

我愈是深入了解冲绳的牌位问题，就愈是这么觉得。那实际上生活在冲绳的单身女性，对于这个问题又是怎么想的呢？

我为此采访了两位在那霸市工作、四十几岁的单身职业女性。

在冲绳大型企业工作的 A 小姐和 B 小姐是朋友，两人都没结婚。

“在冲绳，跟我们同时代的人当中，虽然不乏单身的人，但没离过婚的算是少见耶！”

“对啊！对啊！一说自己是单身，对方就会问：‘那离过几次婚？’我说我没结过婚，对方还‘唉’地大吃一惊。”

从两人的谈话中，不难发现冲绳的离婚率不愧是日本第一。

“我听说在冲绳，单身女性死后不能进祖坟。那两位对于墓地的事是怎么想的呢？”对我的问题，身为三姐妹中长女的 A 小姐回答：

“我们家都是女孩子，按理来说，应该是没人继承牌位的。但将来如果父母过世了，还是得由姐妹里的某一个人来继承……正确地说，是‘保管’牌位吧！如果亲戚里有人觉得不妥，可能就要再想别的办法。

“老实说，因为现在父母都很健康，自然还没想到墓地或牌位的问题。自己身边，也没有人因为可能进不了祖坟或牌位，就觉得非结婚不可。或许要等到父母过世，不得不考虑死的问题时，才会意识到墓地之类的问题吧！”

B 小姐说："我也还没有认真思考过这些问题，不过我认识的单身朋友中，有人因为听到父母说，一直不结婚的人，死后不能进祖坟，反而看得更开。觉得比起烦恼墓地的事，不如活着的时候过得充实一点，所以还买了房子呢！我自己的话，死了之后，大概就是请人把我的骨灰撒在大海里吧！"

的确，前述的案例只是部分家庭的状况，也有些单身的人死后是葬在祖坟的。不过，对于没有小孩，也就是没有后继者能照料墓地的人来说，把骨灰撒入大海，不需要扫墓，也算是一个不错的方法。B 小姐接着又说：

"但是啊！我去问了一个灵媒，她说：'那些把骨灰撒在大海里不能成佛的人可麻烦了，全都跑到我这里来了！'"

根据《冲绳大百科事典》，所谓的"灵媒"就是"在神灵附体等状态下，能与超自然的神灵、死灵等直接接触、交流，在此过程中获得通灵能力，并借此执行天启、占卜、治疗疾病等行为的巫术、宗教工作者。大部分为女性"。她们也被称为"知事者""神之子"等。B 小姐还告诉我：

"我们称那些具备灵媒体质的人为'天生サーダカ'，生来就具备强烈的'サー'，也就是通灵能力。"

"我们这个时代的人，会去咨询灵媒的人虽然不算多，但还是有。有些人则是在有困扰或烦恼时去买灵媒。对了！去找灵媒我们叫作“‘买灵媒’。”

也就是说，虽然生活中不难接触到灵媒，但信不信则是因人而异。

据说，家里一旦发生什么不好的事时，很多灵媒会说，是因为家里供奉牌位的方法不对。单身女性死后葬进祖坟或是置入了家中佛坛，后来家里发生事情去找灵媒商量时，她们多半也会说是因为触犯了禁忌。

B 小姐说：“冲绳的文化与精神世界密切相关。而且，现世与来世紧紧相邻，来世感觉就近在眼前。”

A 小姐和 B 小姐两人，这一世在工作上都尽心尽力，也过着充实的单身生活，但她们也没有因此就否定了冲绳的传统价值观。

B 小姐说：“无论是墓地或是牌位，我们都很珍惜冲绳的文化；但另一方面，自己现在的生活也很重要。这两者之间的确有些纠葛，对于自己没结婚也没生小孩，还是感到有些抱歉。”A 小姐也对此表示赞同。

在前一节讲到的“长男的媳妇”波平老师，虽然对于自己担任的角色乐在其中，但在冲绳，职业女性要同时兼顾事业与长媳的工作，据说是非常辛苦。

“我的朋友，她妈妈是长媳，做法事的时候非常忙，她还特地请了有薪假回家帮忙呢！”

“总之，女性的负担非常重。或许因此才有那么多人离婚吧！因为长男非常受重视，很多都不能嫁啊！”

两人嘴上虽然这么说，但最后还是表示想把传统料理之类的传承下去，正反映出她们身处传统与现实之间的选择。

我后来也访问了一位五十几岁，在冲绳出版社任职的C先生。他的父母都出生于离岛，他本人则是在那霸出生的长男。他说：

“我有小孩，但是是没有去登记的事实婚[1]。”

原来如此。有人虽然身为长男，却不要求伴侣扮演“媳妇”的角色。

“我也是嫌这些礼俗什么的很麻烦，所以尽可能能省则省。

---

[1] 事实婚，指具备婚姻关系的事实，但没有登记的婚姻状态。在日本，通常用来指相对于法律婚（登记婚）的概念。在广义上，与日本旧有的“内缘关系”有重叠之处，但事实婚尤其是指当事人积极、故意选择在不登记的状态下共同生活，与因社会环境因素而无法提出结婚登记（如情妇或第三者）的“内缘关系”有所区分，所以事实婚也称为“选择性事实婚”或“自发性内缘”。

毕竟冲绳的长媳真的是很辛苦啊！我有一位女性朋友嫁到冲绳岛南端的系满，而且还是长媳，当地可是以门中关系紧密闻名，她说第一次过盂兰盆节时，她整整三天都在炸天妇罗，后来实在受不了，就离家出走了。”

我忍不住追问：“那后来呢？”

“后来在婆婆和亲戚的魔鬼训练之下，现在可是当仁不让的长媳，还做了自己的秘籍呢！”

这位女士将来一定也能成为一位出色的婆婆吧！

C先生还说：“我们公司也出了不少关于法事的指南书，都很畅销。现在冲绳愈来愈多从各处来的外地人，或许还是需要一些准则作为参考吧！这些书放在家具店或糕饼店里寄卖，通常都卖得很好。换句话说，就是结婚或办法事的时候会需要。”

“在冲绳，家族或亲戚是以牌位为中心聚集在一起。在这一层意义上，牌位的存在也是有好处的。不过，今后无论是牌位或是墓地，都会慢慢有所改变吧！或许有一天女性也能继承牌位了。牌位作为凝聚家族的象征，只要能顺利发挥作用就好，对吧！”

C先生也希望冲绳的传统与现在的生活，可以和平共处。

“牌位就好像是‘灵界’的接口一样。亡者的マブイ，也就

是‘灵魂’，在来世，因为有牌位，祖先得以和活着的人联结在一起，我觉得有这样的系统也很不错。”

听说C先生的姑姑就是终生未婚，死后的遗骨果然交由寺庙代为保管。C先生说：“但我觉得放进祖坟也完全没有问题。不如我来放吧！”

就如同这些访谈中反映出的一样，冲绳的墓地与牌位问题，看来也会随着社会现况有所调整吧！

访问结束之后，我造访了那霸的“识名灵园”。这个公墓离市中心很近，以东京来比拟的话，或许类似青山墓地的感觉。但和青山墓地不同的是，识名灵园里的墓地都是水泥或石制小屋造型，也就是所谓的“破风墓”或“家形墓”。在占地广大的墓园里一字排开时，与其说是墓地，倒比较像是长屋[1]。据说在清明之际，可以看到墓地前停满车子，大家聚在一起热闹用餐的画面。

看到这个画面，就更加深深觉得冲绳的墓地是属于“家”的。在冲绳之外的其他地区，有很多个人墓地会刻上“梦”或

---

[1] 长屋，是日本集合住宅的形态之一。多为一层楼的平房（近年来开始有两层楼），好几户住宅横向相连，共享墙壁，分别有自己的出入口。其必要条件是各户的玄关直接与外界相连，不与他户共有。

"和"等逝者喜欢的文字，这对传统观念很重的冲绳人来说，可能难以置信吧！

在当地报纸关于墓地的特别报道中记载着，有些人就算想选择把骨灰撒到大海的自然葬，或是觉得可以取消家族墓，也因为万一被岛上的人知道了会被排挤，甚至不敢告诉自己的父母。因为墓地的另一个功能便是，作为强化家父长制的象征。

我想，虽然墓地和牌位的形态不同，但即使在冲绳之外，过去也一定存在过相同的问题。因地区和年代的不同，冲绳之外也有些人认为单身者死后不能葬进祖坟，家父长制也远比现在严格。过去也存在于冲绳之外地区的问题，在经过不断讨论与研究后，如今正在冲绳的土地上上演着。

但我在与 A 小姐、B 小姐和 C 先生聊过之后发现，在冲绳确实出现了关于葬事的新的想法。当单身、无子的人愈来愈多时，就算在冲绳，葬礼与供养祖先的方法也应该随之出现变化。

而 A 小姐、B 小姐和 C 先生，也没有全盘否定传统。他们在重视传统的同时，试图探索出符合现状的做法，相信他们这些努力的成果，一定能为本土的我们带来新的启示。

迈向一人死去的时代

在京都嵯峨野的常寂光寺里，有一个名为“女人碑”的石碑，上面刻着市川房枝女士的题字，“女人独立生活，于此祈求和平”。

这个石碑是在1979年，由“女人碑之会”所建造。日本有超过两百万的年轻男性，死于第二次世界大战，这也意味着许多年轻女性因此没有对象可以结婚，结果造成大量的女性孤老终生。

“女人碑”的筹建缘起上写道：“其数据说高达50万人。当时的社会，女性要独立谋生相当困难，而这些女性都胼手胝足地走了过来。如今，我们在此留下终生孤老女性的‘证据’，衷心希望传述后世、引以为戒，战争惨祸不再重演。也期待此纪念碑，能成为今后独立生活女性的传承地。”

第二次世界大战的殉难者多半出生于大正时代（1912—1926 年），再加上根据战后的统计，出生于大正时代的男性，人口本就明显少于女性，所以那个年代的女性，很多是一辈子单身。

随之而来的就是墓地的问题。以大正时代的观念来说，死后就是要进祖坟。女性的话，一般就是由孩子把母亲葬进婆家的墓地。但因战争而被迫单身的人无法比照办理，所以这个石碑除了是祈求和平的象征外，也是单身终老女性的共同墓地。这个“女人碑”的出现，可说是在思考单身女性身后事方面，扮演了先驱的角色。除了石碑之外，还成立了“女人碑之会”，中心成员好像都来自因战争而单身的女性所组成的“单身妇女联盟”（已于 2002 年解散）。

读到“期待此纪念碑，能成为今后独立生活女性的传承地”这句话的时候，我对于前辈们还能顾及后世独立生活的女性，不胜感激，但仔细想想，当时隶属单身妇女联盟的女性，与现在的单身女性，在立场上是有着天壤之别。

“女人碑”时代的单身女性，本来是能结婚的，但因为结婚对象在战争中死亡而不得不单身，或许可以称她们是婚前丈夫就去世的“婚前未亡人”。要不是因为战争，她们本来可以结婚生子、颐养天年的，她们无疑是社会的牺牲者。

相对的，在太平盛世的当下，单身男性不会因为战争死得一个不剩。但大量的单身男性和单身女性，却原地不动、毫无交集，不知为何地就维持着单身、无子的状态。

常有人说，现在人们是因为经济考虑才无法结婚，但战时或战后的贫困匮乏，根本是现在无法相提并论的。尽管如此，当时的人们都结婚了。所以现在人们不结婚，不只是经济的因素，也绝不是用“都是社会的错”这样的理由，就能把责任转嫁出去的。

“女人碑”时代的单身女性，应该没想到晚辈们竟会是这副模样吧？她们大概是觉得，就算战争结束了，也一定会有一些女性因为各种原因不得不孤老终身，为了让这样的女性能够安心度日、死去，就来建造这个碑吧！

现在的我们并不是“不得不”单身，和“女人碑”时代并不一样。此外，我们和因为接触了妇女解放运动或女权运动而主动选择单身的时代，也不一样。

实际上，“女人碑”一代人与下一代之间，似乎有着紧密的合作。曾经出版过多本有关单身女性书籍的松原惇子女士，在东京的墓地内建造了名为“独立生活女性之碑”的共同墓地。据说，此举便是受到“女人碑”极大的影响。

“女人碑”下一个时代的女性，继承了“女人碑”的精神，现在仍发起种种有关“一个人终老”的行动。为单身女性建造的共同墓地，不是仅有“独立生活女性之碑”一处而已；上野千鹤子女士也提倡活用在宅医疗、访视看护、友人网络等方式，来实现“在家终老”的可能性。关于丧事、埋葬等问题，也接二连三出现许多不受传统束缚的个性化做法。

在我们上一代单身女性的努力之下，“一个人终老”的环境因素，已经有了很大的变化。之前，我考察了冲绳单身女性死后无法葬进祖坟的案例，现在该思考一个人死去的趋势如何已在全国逐渐蔓延。

日本放送协会前些日子播出了一个节目，名为《单身高龄社会——为“一个人终老”做准备，你呢？》，节目中介绍了一些社会组织，能为单身高龄者提供各种相关服务，包括健在时，提供住院保证人与确认日常生活的平安，罹患失智症后的指定监护事务，以及葬仪、捡骨、各种手续等后事的处理，的确让人感受到时代已经有所变化。

说我们这个代人是占了上一代努力成果的便宜也不为过。和一些无子族朋友聊天，因为都还不到觉得自己马上会死的年龄，所以似乎也没认真思考过死亡的问题。他们都异口同声表示，“身后事怎么处理都无所谓”。“随便请个谁把骨灰撒在海里就好，不过这也挺麻烦的，其实直接当作垃圾丢掉也无妨，反正也没奢望死后能有人祭拜。”

当家父家母过世时，我才深切体认到，原来小孩的存在就是为了替父母送终。随之浮现脑海的想法就是，“那我该怎么办呢？”

以前，报纸的“诗坛”专栏曾经登过这么一首诗，“患癌之日终明白，夫妻者，即谁为谁送终”。按常理推论，由于女性平均寿命较长，所以在夫妻加小孩的家庭中，最常出现的模式应该是太太、小孩为先生送终，接着是小孩为被留下的太太送终。而无论夫或妻，最后能送终的就是孩子了啊！

但无子族就算结婚了，也没有人能为最后被留下来的太太（或先生）送终、送葬与祭拜，自然就产生了“那该怎么办？”的问题。

有一位本身是独子的无子族朋友对我说：“你还算好的，至少还有侄女不是吗？”但说实在的，要把负担强加在明明不是自己养大的侄女身上，总觉得于心不忍。毕竟，送终或是举办葬礼等事，所需付出的心力非比寻常，也只有孩子对自己的父母才能做到。我这个只不过是三等亲的姑姑，实在是没办法对她说：“那我的后事也拜托你了！如果方便的话也要扫墓喔！”

所以，我们这一代的无子族，也不好都依赖前辈，是该认真思考死前死后种种的时候了。因为战争而终身孤老的“女人碑”一代，以及其后基于自我意志选择单身的一代，都用各自的方式为一个人死去做准备，为我们开了路。如今，一般人对于“一个人终老”，仍抱持着某些刻板印象，譬如“可怜的孤独死”，或是“有钱、有行动力也有支持网络，干练无子族的计划死”。但今后势必有愈来愈多的无子族渐渐老去，一个人终老也将变成理所当然，所以，所有人都必须能够一个人好好地迈向人生终点。

我认为，最理想的社会应该是，不管是像我一样的无子族，还是有小孩的人，都能在没有小孩送终、处理身后事的状态下，一个人安心地走。有小孩的长辈们，最常挂在嘴边的就是，不想给小孩添麻烦、要死得干脆，不要拖拖拉拉。

不想给侄女添麻烦也就罢了，自己辛苦抚养长大的孩子，在临终之际稍微麻烦他们一下应该不为过吧？我甚至认为，不就是为了这个才把孩子养大的吗？但对有小孩的人来说似乎并非如此，正因为疼爱自己的孩子，所以才不忍麻烦他们。

而且有小孩的人，也不见得和孩子的关系都很好。若亲子关系不佳，又想要有人替自己送终，就不得不看小孩的脸色，有些长辈就是连哼也不敢哼一声啊！

所以，若是这世界变成任谁都能一个人安心死去的话，有子族就不会有这方面的担忧了。如果任谁在临死之际都能自主的话，高龄者不论有没有小孩，都可以在精神上感到平静才是。

日本一直以来都维持着稳固的家庭制度，所以照护、送终、葬礼等与死相关的事宜，都是在家门之内解决。但看到冲绳的案例就能理解，无法进入传统家庭制度中的人，就得承受死后变得很麻烦的压力，使得女性为了自己将来也能安心死去，只好承担起处理家人后事的重大责任。

1978 年的厚生白皮书，针对（当时）日本三代同堂比例之高，有以下的记载：“多代同堂是我国在公共福利上的‘隐性资产’（Hidden Asset）。”换言之，爷爷奶奶的照护、送终、死后佛坛的祭拜、扫墓等，都因为有免费全职负责家事的“媳妇”在处理，所以才无须借助国家的力量。默默免费工作的媳妇劳动力，被形容成是“国家的隐性资产”。

但如今，大都市里哪里还有三代同堂的家庭？不再有人选择嫁到大家庭里，因为不想被当成免费的长工兼苦力；况且媳妇的立场非常难以为继，让下意识逃避结婚的女性不断增加。隐性资产也就烟消云散。

如此一来，是时候该动用国家资产，拟出让所有国民都能一个人终老的政策了。家庭制度的扭曲，让所有重担全都落在媳妇身上，导致媳妇这个角色消失，如今也只能让一直以来都倚赖“隐性资产”的国家，代为肩负起这项重任了。

现在，或许正是迈向“任谁都能一个人安心死去时代”的过渡期。在陆续经历因为战争而失去结婚对象的时代、女性为了葬入家族墓地而必须拼命做白工的时代、合作建造共同墓地的时代之后，会是什么样的时代呢？我突然发现，原来死亡也是一项实验啊！

日本的收养事宜

我们经常可以看到一些好莱坞明星，收养好几个孩子，让他们和自己的亲生孩子一起长大成人。兄弟姐妹间可能有亚洲人、非洲人或是高加索人，各式各样血统的脸孔，反倒营造出一种名门贵族的氛围。即使不是好莱坞明星，收养小孩在欧美国家也是相当普遍的行为。

但在日本，却不常听到有关收养小孩的话题。知名艺人或名人虽然会在网络上巨细靡遗地分享养育亲生小孩的状况，却没有人在网络上公开自己领养小孩的新闻。连在自己生活周遭，也都很少听到这方面的消息。我想当然也有人收养小孩，只是这方面的信息在日本都不太公开。

在日本有关收养的话题，最让人记忆犹新的，就是 2014 年播放的连续剧《明天，妈妈不在》(《明日、ママがいない》)。故事发生在育幼院，由童星芦田爱菜饰演被弃置在婴儿邮箱[1]，所以绰号为“邮箱”的主角。其他几个角色包括，因为母亲用钝器打伤男朋友遭到逮捕，而被送到孤儿院的“钝器”；因为家里贫穷而被送到孤儿院的“穷贫”；等等。他们都拥有来自复杂出生背景的荒诞绰号，第一集播出后，就收到很多观众抗议，纷纷表示“‘邮箱’这个绰号实在不妥”、“孤儿院员工的言论太过分了”，甚至发展成社会问题。

剧中，孤儿院里的孩子都梦想着能早日离开，被好人家收养。他们为此拟订了详细的“作战计划”，并彼此合作，虽然途中也遭遇危险，但他们仍旧坚忍不拔地生存下去。

在剧中出现的想要收养孩子的夫妇，不是有点变态，就是有虐待倾向。或许从悬疑剧营造气氛的角度来看，这样的角色设定有其必要，但已经或想要收养小孩的人看了，应该都会觉得不舒服吧！剧中孩子们积极的人生态度虽然令人印象深刻，

[1] “婴儿邮箱”是一种容器或场所，让因为某些缘由而无法继续养育婴儿（通常是新生儿）的家长，能匿名地将婴儿放置于其中，由特定人士前来收取并照顾。

是个动人心弦的故事，但也让人感受到，在日本对于收养小孩的印象，还是远比欧美国家来得沉重、阴郁。

想要小孩，却因为种种原因没有或无法拥有小孩的人，不管是模模糊糊，还是清晰明确，一定都思考过收养小孩这个选项。但是如前所述，收养小孩在日本给人的印象实在不怎么明朗、正面，也很少被视为一个可以轻松闲聊的话题。

欧美人士始终乐于主动帮助有需要的人，对于把亚洲或非洲的可怜孩子带往自己的美好世界，更是不遗余力。因为他们认为，富足的人对这样的事义不容辞。

相对的，日本则是非常重视血缘的社会。身为养子这件事本身，似乎就会被认为“很可怜”。

话虽如此，日本也还是有人想要收养小孩。我的一位朋友，是单身职业女性，据说过去就曾经想过：“收养小孩或许也是个方法。幸运的是我有充分的收入，白天可以请保姆来家里。”但她说，单身的人好像不能收养小孩。

我想她指的是“特别收养制度”。日本的收养制度分为两种：“特别收养制度”指收养6岁以下，也就是还没懂事的孩子，并视为亲生孩子一般扶养。另一种则称为“普通收养制度”，可以基于想要有人继承财产或房屋等理由而收养，对象没有特别限制，甚至可以是大人，或是同性伴侣之间，由较年长的一方收养较年轻的一方。在户籍数据的记载上也不相同，特别收养制度会登记为“长子、长女”，但普通收养制度则是“养子、养女”。

在演艺圈唯一会频繁出现并公开谈论收养话题的，就属歌舞伎圈了。譬如现在非常受欢迎的片冈爱之助，并非出身歌舞伎世家，而是一般家庭，后来被片冈秀太郎收养。此外，以扮演旦角出名的已故六代目中村歌右卫门，也收养了中村梅玉、中村魁春两位养子。当然，以上的例子都可推测是普通收养，因为在所谓歌舞伎的世界里，必须有人继承家业所致。

要成为特别养子的养父母，原则上希望要在 25 岁以上，并且当孩子成年时在 65 岁以下。换言之，养父母的条件也建立在双亲要能一起好好将小孩扶养成人的前提下。

特别收养制度又与寄养制度不同。所谓的“寄养制度”是指，为因故无法由亲生父母养育成人的小孩，提供暂时性家庭式照顾的制度。由于对寄养家庭没有年龄或配偶方面的限制，所以有些人会先尝试投入寄养，作为特别收养的准备；或者夫妻俩都五十几岁了，亲生小孩已长大成人，所以想为受虐等情况特殊的孩子做点事；还有一些人是因为单身无法特别收养，所以投入寄养的行列。

我也曾经没来由地觉得，收养小孩好像是个不错的选择。但实际了解收养制度之后才明白，首先，单身者不可能收养视同亲生小孩的养子，也理解到即使是已婚的人，若非有彻底的决心，也无法轻易做出这个决定。毕竟，要为小孩的一生负责，这责任之重大可不是开玩笑的。

我曾经看过某个有关特别收养制度的纪录片。片中介绍了在民间提供收养媒介服务的团体，以及他们的工作内容，并介绍了一位高中女生的故事。她因遭受性侵而怀孕，在无法告诉任何人的状态下，肚子一天比一天大，大到无法接受人工流产，只好生下小孩。她的小孩经由特别收养制度，由一对已有一个小孩的夫妻收养。但接踵而来的问题是，该不该告诉这些孩子，他们是养子与他们被收养的原因。还有，如果要说的话，该怎么说。

多数的养父母都会如实和孩子说明他们养子的身份。但如果是性侵受害者非自愿怀孕生下的孩子，是否也要告诉他们这个事实呢？虽然，收养了这位高中女生产下的婴儿的养父表示，所有一切他们都会好好地和孩子说明，我却认为没必要做到这种程度。关于这个问题，各方仍有许多不同的意见。

片中还访问了另一位女性，她一直不知道自己是被收养的，直到叛逆期强烈违抗父母，父母把收养的文件摔在她面前，她才终于知道自己其实是养女，也萌生了想要寻找亲生父母的念头。

所以收养子女这件事，真的不能用“好像也不错”这种轻松心情来思考、决定。即使是寄养，如果只是想让没有尝过家庭温暖的孩子有个美好回忆，或是想要体验养儿育女的感觉，也绝对做不来。

几年前，我曾经一个人照顾当时 5 岁的侄女一整天。当时我真的是精疲力竭，深切领悟我照顾小孩的极限或许只有两个钟头……对于一个长年以来都过着安逸单身生活的人来说，突然且完全不熟练的“育儿”任务，实在是太过沉重了。

最近，我听说一位朋友通过特别收养制度，收养了一个婴儿。这对夫妻结婚好多年都生不出孩子，在深思熟虑后终于做出决定。听到这个消息的无子族们，无论结婚与否，都纷纷表示“真了不起”、“他们好勇敢”。因为在日本，收养孩子还是一件很“特别”的事啊！

尤其已婚无子的人在听到这件事时，心中更是五味杂陈。“我们当然也知道有收养这种方法，但直到目前为止，周遭还没有人收养过孩子，所以一直觉得反正没有孩子的夫妻多得是，没什么好担心的……然而，听到真的有人成功收养了孩子，又会觉得我们这样下去真的好吗？”

前些日子我读了一本书，叫作《来当我们家的孩子吧！——某漫画家的寄养父母入门书》(《うちの子になりなよ　ある漫画家の里親入門》，古泉浩智)。如书名所示，作者是一位漫画家，书中详述了他们夫妻两人费尽时间与金钱接受不孕症治疗，仍无缘怀上孩子，于是接受训练成为寄养父母、照顾小孩的始末。

漫画家夫妇在接回婴儿之后，每天的生活都充满了爱，庆幸自己成为寄养父母的心情溢于言表。但譬如在帮婴儿处理大小便的时候，作者仍会因为眼前的小孩不是亲生的，而非常担心自己要是因此讨厌这个孩子该怎么办？

这本书写出了寄养父母最真实的心声，对曾经考虑过收养或寄养的人来说，非常具有参考价值。

我读完这本书之后，深深觉得若是大家能更轻松地谈论这方面的事，该有多好。如今，家庭的形态变得更为多样化，譬如“夫妻”，有的有小孩、有的没小孩；有的是第一次结婚、有的是再婚；还有些伴侣虽然没有正式的婚姻关系，但现实生活中几乎等同于夫妻；甚至有些是同性的伴侣。我认为，如果不管是收养或是寄养家庭，都不再被视为特殊案例的话，“家的形态不止一种”的感觉就能随之普及，所有的家庭也都能稍稍松一口气吧！

虚拟亲子体验

在拙作《败犬的远吠》中，曾经提到“BJ单身日记”(Bridget Jones’s Diary)、“艾莉的异想世界”(Ally McBeal)与“欲望城市”(Sex and the City)是“世界三大败犬故事”。三十几岁的我，把BJ、艾莉、凯莉的人生与自己的对照，发现原来不分国籍，世上真的有这样的人，而深受鼓舞。

三大败犬故事的结局，主角有的结婚了、有的没结，但“艾莉的异想世界”的主角艾莉，最后竟然有了小孩。但她并不是结婚后生下小孩，而是某天突然有个10岁的小孩来到她眼前，自称是她的孩子。

原来，靠着艾莉多年前捐赠的卵子而生下的孩子，其原本一起生活的父亲因意外过世，只好来投靠艾莉。现实生活中当然不会发生这种状况，但最终艾莉还是接受了这个孩子。

不曾生过小孩，但基因上的亲生女儿却突然出现，这对一个单身的职业女性而言，或许再理想不过了。因为很多人觉得结婚、怀孕或生产很麻烦或是很困难，但还是想要小孩。

譬如作家田边圣子[1]，她与一位有小孩的鳏夫“咔魔咔大叔”[2]（カモカのおっちゃん）结婚，她在自己的散文中，形容这种已经养育到某种程度的小孩为“半成品”。感觉上，她认为有一个半成品状态的小孩，好像也不赖。

艾莉的故事也一样，某一天一个10岁、“半成品”状态的孩子突然出现在眼前，而且还不是别人的小孩，而是亲生的。这对生产育儿会造成空窗期，不利于工作发展的职业女性来说，或许可说是一种非常幸运的状况。不知是不是受剧情影响，饰演艾莉的卡莉丝塔·佛拉赫特（Calista Flockhart）拍完连续剧之后，在单身的状态下领养了小孩（后来和哈里逊福特结婚，

[1] 田边圣子（1928— ），与山崎丰子齐名，并列为日本大阪文学两大女流作家。作品以恋爱、成长小说为主。

[2] “咔魔咔”为日本传说中专噬咬婴儿的妖怪，因咬起来“咔嗞咔嗞”声大作而得名。

是好莱坞知名的老少配）。

看到这样的案例，自然会觉得“这样好像也不错耶！”但如上一节所言，在日本单身者基本上无法适用特别收养，像连续剧一样，明明没生却冒出一个亲生孩子这种事，根本就是天方夜谭。

无子族都觉得在现实生活中要有小孩，就只能先努力找到一个对象，接着怀孕、生产。但因为种种因素，这些事都有一定的难度。于是他们很容易采取的一种替代行动就是，经由经济上的支持，体验虚拟亲子的心境。举例来说，在 PLAN JAPAN 等非政府组织的支持下，资助人（认养人）通过与特定儿童的信件往来，可以体验到虚拟父母的感觉。

我在三十几岁的时候，也曾经参加这一类的活动。一开始参加的原因，用一句话来说明，就是抱着一种“赎罪的心态”。换言之，自己当时的年纪早该生儿育女了，所以想借由经济上援助别人的小孩，多少减轻一点自己毫无作为的罪恶感。

此外，当然也有一些想为别人做点什么的心情。年轻的时候，总是只想到自己，但成熟之后，自然而然会有一种想为他人付出的欲望。生了小孩的人，正好能借由育儿充分满足这个欲望，但无子族却无法这么做。为了保持精神上的平静，为了获得“对某人有贡献”的真实感受，其中一个方法就是帮助那些不幸的小孩。观察我的身边，无论结婚与否，很多无子族都参与了这种援助活动。

我后来决定帮助亚洲或非洲的小朋友，并通过非政府组织寄信件与小礼物给他们。对方也会寄来小朋友的照片，或是由当地职员报告小朋友的近况。这种一对一的交流，都为无子族的心灵带来了或多或少的安宁。

我甚至曾经去老挝拜访过我的“孩子”。不过，并不是我自己热切盼望一定要造访，而是非政府方面的提议。我觉得除此之外，好像也不太有机会去老挝，所以就答应了。

我当时资助的小朋友，住在老挝的小村落里。访问计划是我到该村落住上两晚，和小朋友们交流。由于日本没有直飞老挝的班机，所以我在曼谷转机后抵达老挝首都万象。隔天一早转搭汽车（老挝几乎没有国内铁路）前往，老挝基本上很少有柏油路，路上还会遇到悠闲漫步的牛。在经过大约七个小时的车程后，终于到达目的地。

一开始去访问的是小学，由于我曾经捐书给该小学，所以受到小朋友们的热情欢迎。场面之盛大，简直让我误以为自己是黑柳彻子，实在令人害羞。

我也见到了我资助的小女孩。她的父亲已经过世，她和妈妈、奶奶住在一起，是个害羞的孩子。村里没有水也没有煤气，她得用扁担去河边挑水回家，也是个很勤奋的孩子。

当地村落里的生活与日本有着天壤之别，但我却没什么不适应的感觉。可能是因为村民的轮廓很接近日本人，所以到处都是似曾相识的面孔。加上他们笃信小乘佛教，性格都很温和，和日本以寺庙为中心形成聚落的特征颇为相似。糯米和各式配菜也都很合口味，我一点也不想念日本的食物。

虽然他们安排我住在村落里相对富裕的家庭，但同样没水没煤气，因此也没有厕所和浴室。高床式住家的阳台，同时兼客厅与餐厅，有屋顶但没有墙壁，我就用睡袋睡在开放空间里。

隔天早上，随着日出醒来。村里不仅是人，连猫、狗、猪、鸡都自由地来来去去，只要某人升起火来，人和动物就一起围过来。

如果我知道远古前的日本是什么样子，或许会把这村落里的生活，形容成是“像过去的日本一样”。而我并不讨厌这样的生活。

我甚至开始疑惑，这样的生活真的能称得上是“贫穷”吗？村民们的现金收入远低于日本，物质上不充裕，基础建设也不完善，我曾说想把我照的照片寄去给他们，但据说当地没有邮政业务，所以没办法寄。

但是他们在食物方面能自给自足，也不会被时间追着跑。小朋友随意四处跑来跑去，一点都不用担心发生交通事故。若问我这里的孩子和紧抓着电动玩具游戏杆不放的日本小孩，谁比较幸福，我还真回答不出来。

的确，挑水对小孩来说是重度劳动，从河里取来的水也不卫生，所以基础设施应该要有；有些孩子为了帮忙分担家计，没法上学，让他们接受最基本的教育，也是必要的。

不过，看到他们绝对不能说是“不幸福”的样子，心中不由得涌现各式各样的问题。现代化的生活要进步到什么程度才好？孩子们获得愈多知识、累积愈多经验，真的就愈幸福吗？多数村民甚至没去过首都万象，但在佛祖的保佑之下，他们总是笑容满面地过着安稳的生活。

我问学校的女老师：“这村子里有人结不了婚吗？”她想都没想就回答“没有”。女性到了差不多的年纪，就都结婚生子了。村民们看我，大概会觉得“这个日本女人，一把年纪了还单身、不生小孩，却资助别国的小孩？要不要自己先生个小孩再说？”

那里俨然是一个女人理当生儿育女的世界，而日本过去也是如此。过去日本的父亲们认为女子无才便是德，拒绝让女儿接受高等教育，认为女人的本分是结婚生子，知识和教育只会造成阻碍。

过去日本父亲的担忧，并非杞人忧天。现在日本的少子化，都是因为学历高、经验丰富、经济能力强的女性，不再生孩子所造成的。

但她们不是“不生”，而是“不能生”。受过良好教育、具备经济能力的女性，不太受男性的欢迎。周围的环境也没有完善到让女性可以毫无后顾之忧地兼顾工作与生儿育女。若理解生孩子之后将面临的辛苦生活，再加上要找到能让自己怀孕的对象本身就非常困难，当然会有愈来愈多女性“不能生”。女性普遍受高等教育也能维持出生率的，全都是男女平等思想很彻底的国家。

过去日本的父亲或许也明白这个道理。他们的逻辑应该是，日本的社会系统并没有柔软到让受教育的女性也能轻松地生儿育女，而且这种状态很难轻易改变，所以女性不需要接受教育。

我资助的老挝小女孩说，她将来想当医生。问了当地的小女孩，绝大多数都说想当医生或老师。但如果全部的小孩都接受高等教育，成为医生或老师的话，所有年轻人都会离开村落。他们在都市受到种种刺激之后，自然再也不会想要回到家乡了。

曾有人主张，GNH（Gross National Happiness，国民幸福指数）比 GDP（Gross Domestic Product，国内生产总值）更为重要，我坐在老挝小村落的地上，也思考着这个问题。我带着“想为可怜孩子做点什么”的高姿态来到这个村落，却发现他们看起来其实很幸福，或许还觉得我们生活在冷冰冰的都市丛林里，不生孩子也没有信仰，怎么还活得下去？

连自来水都没有的老挝小村落，以及明明连自来水都可以生饮却要买矿泉水的我，所谓“刚刚好的幸福”，是哪一方呢？还是存在这两者之间的某一点呢？我的心中还没找到答案。

没有小孩的男性

“有小孩之后，才真正成为独当一面的大人”，仔细追究就会发现，很多时候这个论点还是针对女性而言。毕竟，生孩子的是女性，养儿育女的经验似乎可以让女性有大幅的成长。此外在日本，育儿的男性至今仍被另眼看待，甚至特别为他们冠上“育儿男”的称号。换言之，应该由女性负担育儿工作的意识依旧强烈，再加上“育儿就是育己”，所以女性的育儿经验愈丰富，似乎愈能成为更好的人。

而且，自从出生率触底以后，近来展现生儿育女的经验……不，正确来说是展现“生儿育女的自己”，俨然成为一股风潮。当上妈妈的偶像们无一不在博客上分享宝宝经。若每天都接触这样的信息，一般女性自然会萌生一种“我也得生”的心情。

因为好像大家都在生的缘故，女性世界里正引发一场生儿育女的小小热潮。不过，出生率并没有因此激增，日本仍处于少子化的危急存亡之秋。

我尝试思考背后的原因，发现“男性不想要小孩”是十分重要的因素。还有晚婚化的问题也一样，绝大多数的女性都想结婚，也想有小孩，但就算有固定交往的男性，对方不想结婚或不想要小孩的状况也是存在的。偏偏，日本在讨论晚婚化或少子化问题时，几乎都只谈到女性的问题，男性该如何如何的观点，经常付之阙如。

连续剧里也经常出现这样场景。

女：“我好像怀孕了……”

男：“嗯……你该不会说你想生吧？”

女：“你这是什么话？我当然要生啊！这是老天爷赐给我们的宝贵生命啊！你不是说想一辈子都跟我在一起吗？都怀了孩子，你当然会跟我结婚对吧！”

其实早已另结新欢（老板千金）的男人，被逼得走投无路，不自觉地就掐住了女人的脖子……

对女性而言，只要一不小心流露出想结婚、想生小孩的心情，不仅和对方的关系有瞬间谈崩的风险，甚至可能成为危及性命的关键词。如何让一听到结婚生子话题就退缩的男性不腿软、套牢他们，已成为女性的重要课题。以年轻女性为目标读者的杂志，也天天都在传授什么样的打扮、妆容、行为举止，才不会让自己想结婚生子的贪欲被识破。

当然，也有一些男性，愿意对没有怀孕的女友说：“我想要你怀上我的孩子！我们结婚吧！”但遗憾的是，这种人毕竟是少数，而且这种善男总是早早就和适合的信女结婚了，几乎不会出现在一般市场上。

其实，经由女方的努力，真的结婚、生下了小孩，男方还是会疼爱孩子的，但他们一开始就是不愿积极和女方缔结法律上的关系，或是不想要小孩，这究竟是为什么？简单用一句话来说，“沉重”或许是一切的答案。但这份“沉重”里头到底包含了什么？我试着询问身边无子的男性们。

果不其然，最多的说法就是“我本来就不喜欢小孩”。小孩又吵又脏，身上特有的乳臭也让人讨厌……然后就在不觉得

“想要”的状态下长大成人。

单身没有小孩的男性则说：

“目前我还是想要过以自己为中心的生活。”

“不想因为小孩妨碍了自己想做的事。”

“就算有交往的对象，如果对方说了类似‘想要小孩’的话，就会马上想要抽身。”

都是些“不出所料”的意见。

有一次，我和一位四十出头的单身男性聊天，问他对于今后要一直这样一个人生活下去，会不会感到不安或焦虑。结果他说：“完全不会。”他还泰然自若地说：“一个人也不觉得寂寞，今后已不再是养儿防老的年代了吧？这么多人都没有小孩，能够好好‘一个人终老’的制度应该也会愈来愈完备吧！”

男女同样到这个年纪，感觉却是大不相同。女性就算不是那么喜欢小孩，也没有特别想生，在35岁到45岁之间，还是会有一阵子感到十分焦躁，烦恼着“如果要生的话，差不多是最后的机会了。我该怎么办？”

卵子会老化，不久后老天爷提供的卵子，也就是排卵会停止，正因为如此，女性都会有“我该怎么办？”的时期。但男性在理论上来说，至死为止都能提供精子，所以他们才能即使没有孩子，仍若无其事地度过中年时期。一位 42 岁的男性说：

“都这把年纪了才要结婚生子，也太辛苦了吧！所以我几乎不考虑生小孩这件事了。不过，和有小孩的女性再婚或许可行。如果有人认为不生小孩的人真是不像话，而要求我们缴纳无子税的话，我可是很乐意的。”

我同时访问了一位已婚没小孩、也不曾接受不育症治疗者的意见。这位 46 岁的男性，结婚 12 年，没有小孩，老实说算是讨厌小孩的人，也不想积极地求子。

在已婚男性的世界里，有没有小孩似乎还是有所差别。他说：“有小孩的人，总是很爱炫耀小孩或是育儿的辛劳，他们既不看书也不看电影，话题说来说去都离不开孩子，有限得很。还有，不管邀他们做什么都说没钱，所以我们会去的店不一样，也玩不在一起，自然而然就疏远了……不过，对方也一样吧！一定也觉得我们这群没有小孩的人，‘就是个小孩’吧！”

女性之间很常见的模式是，原本很要好的朋友，因为其中一方生了小孩，生活模式骤变而疏远，看来男性的状况也差不多，因为有小孩而受到的影响也不小。

那么对于“没有小孩”产生的自卑感又如何呢？已婚无子的女性中，很多人都对明明结婚了却没小孩感到自卑，或是觉得有所缺憾。我试着问男性同样的问题，结果他们的回答是“完全没有这样的感觉”，因为工作上并不会因为没有小孩就不能晋升，所以也不曾想过收养小孩之类的问题。果然，有小孩才觉得自己完整、独当一面或是有成就感，似乎还是只发生在女性身上。

甚至，当时间愈来愈紧迫时，有些女性会觉得不结婚也没关系，但至少要有个小孩。事实上，我的确听过有些女性因为接近生产的最后期限，但没有男朋友也没有结婚的迹象，于是向亲近的已婚男性朋友求助：“我只想要你的精子，能不能和我上床?”当然，若真的因此怀孕，绝对不会要求对方领养小孩或是提供任何援助。

相对于此，男性就完全没有这方面的困扰。孤陋寡闻者如我，还从没听说过单身男性因为不想结婚却又想要小孩，而拜托女性帮忙的案例。既然生孩子的是女性，小孩对男性来说，基本上都属于“事不关己”的领域。

结婚这个行为也一样，女性之所以结婚，很多都是因为想要小孩。在非婚生子女不如法国普遍的日本，要生小孩得先结婚的观念依旧强烈。

但男性的这个意识则是相对薄弱的。虽然有些令人意外，但多数男性是因为想和对方在一起才结婚的，小孩只是结婚的结果。一般常说女人比较现实，男人比较浪漫，没想到就连在结婚动机上，也观察到了类似的倾向。

如此浪漫的男性不想要小孩，或许也是理所当然。因为所谓的生儿育女，就是日复一日替小孩张罗吃喝、把屎把尿，没有喘息的“现实”。对爱做梦又细腻的男性而言，这或许是太过艰难的生活。而且现今社会，男性也要协助育儿工作的压力较以往大，有了小孩之后，男性的生活也一样会变得很辛苦。

对生小孩不积极的男性，较重视内在的浪漫或纯真。女性因为怀孕，可以通过身体，实际感受到自己的领域被小孩蚕食鲸吞，但男性却无法如此，他们只能在脑海中想象，结果愈想愈害怕。

换句话说，这就是“自恋”。我访问的几位无子男性，都异口同声地说，“讨厌不能做自己想做的事”“没小孩的男人，包括我自己在内，很多都活在休闲爱好的世界里”，不希望小孩搅乱了只属于自己的领域。

光是我认识的人之中，沉浸在那些没完没了的爱好当中，譬如喜欢铁道模型、古典音乐或是搜集物品的人，很多都没有小孩。而且，就算没有小孩，他们也不痛不痒、不自卑也不抱憾。

当然，也有男性同时拥有自己的兴趣与小孩，其中不少人虽然有了孩子，仍无法舍弃自己的嗜好，于是埋头其中，看都不看太太一眼，最后导致家庭失和。

这么说起来，明确宣示不希望想做的事被打扰、不想要孩子的男性，似乎才是会为他人着想的人。有个非常热衷的嗜好，但也不知为何就是想要恋爱、做爱，不知不觉就结婚，对太太也没摆过坏脸色，结果还生了孩子，但最后却是太太臭着一张脸，一个人在带小孩。两者相比之下，哪一种更好呢？

考虑到少子化的解决方案，或许很多人会说，那就叫重视爱好的男性也生小孩啊！但鱼与熊掌都想兼得的时候，往往会在意想不到的地方露出破绽啊！

精子和尊严

希望怀孕的男女，性行为频率正常且不特别避孕的情况下，一年之内没有怀孕，医学上就会认定为“不孕症”。换言之，多数的男女在婚后一年内就怀了孩子。

有小孩的人之所以愈来愈少，原因之一就是不孕的问题。我身边也有一些人为了治疗不孕症经常跑医院。但不孕症是很敏感的问题，相信有许多人曾经接受治疗，却没有告诉过旁人。

过去一说到不孕症，都会认为是女方的问题。在医学不够发达的年代，生不出小孩的太太会被称为“石女”(真的是很夸张的称号。当然，这在现在已经构成歧视)，并被赶回娘家。为了这些烦恼不已的女性，灵验的“送子”神社、寺院或是“送子温泉”等，应运而生。

我曾经造访以送子灵验闻名的神社，门口的名产店里有卖所谓“送子糖”。仔细一看不由得大吃一惊，因为插在竹签上的是，几乎和实物大小一样的阳具造型糖果。听说是要舔这个糖果，把精子吸收进体内以增进“孕气”之类的。我买了几个当作整人玩具，送给几位单身的女性朋友，不用说，大家都觉得简直就是恶搞。

在以送子闻名的温泉，有时女汤里也设有阳具形状的石像。果不其然，据说也是要你抚摸石像，然后赶快去捕获精子。在泡汤池旁边矗立着这样的石像，似乎光是泡温泉就可以怀孕了。但我想到以前的女性，一边泡温泉一边摸着这个石像的心情，不禁悲从中来。

在只能仰赖神佛或温泉求子的年代，生不出孩子当然是女人的错。求子神社的名产，不会卖女性阴道形状的糖果给男性；在求子温泉里，也不会立有女性阴道形状的石像。因为世间都认为，是女性捕获能力太差才生不出孩子。过去应该有不少女性，无论怎么和丈夫交合也怀不了孩子，被当作石女，但和丈夫以外的人交合后马上就怀孕，还佯装不知情地告诉丈夫说：“我怀孕了！”

随着医学进步，已经证实不孕的原因也可能出在男性一方。其实更正确的说法应该是，不孕的原因男女各占了一半。

不知道是不是我的错觉，我觉得最近已很少看到以求子为号召的神社或温泉了。不孕已不再是只靠女人努力就能解决的问题。而且，为不孕所苦的人该去的地方，不是神社、寺院，也不是温泉，而是医院。求神拜佛的时代已经结束，进入了仰赖医学治疗的年代，而求子神社似乎也都转型为求姻缘的地方了（这方面还有求神保佑的空间）。

如今这个年代，只要到医院检查，就可以客观诊断出不孕的原因是出在男女哪一方，还有究竟是什么问题。但麻烦的是，人心却难以冷静客观地看待诊断结果。

举例来说，我认识的一对夫妇，两人一起检查后，男方被诊断为无精症。据说当时只有太太一人去听检查结果，而她觉得先生实在太可怜了，所以决定不要告诉先生实话。最后，她说问题出在自己身上，说自己是不容易怀孕的体质。

我当时真的不敢相信自己的耳朵。现在这个年代，医生连癌症都可以轻松告诉患者了，竟然还有人连无精症都要隐瞒，还把错揽在自己身上。这就是所谓“给男人面子”吗？要是我，我可是做不到的啊！

另外一对夫妇正好相反，同样是两个人一起去检查，太太一人去听结果。结果太太很爽朗地说："其实是我有点问题，但这样好像欠对方一个人情一样，感觉很差，所以我就故意说：'因为你的精子有点少，所以不容易受孕喔！'"

无论如何，直接告诉对方"不孕的原因在你"，或是坦率承认"不孕的原因在我"，都是非常微妙的情况。所以我觉得，既然两个人一起去检查了，也一定要两个人一起去听结果。

尤其是男性，当原因出在他身上时，似乎就会觉得被视为"不完整的男人"，因而自尊心受创，所以必须特别小心（不知道是不是）。自古以来，不孕一直被认为是女人的错，所以当男性发觉原因是自己时，格外受到冲击。

就我所知，日本的名人当中，唯一公开这种男性不育问题的，就是摇滚歌手 Diamond Yukai[1]。Yukai 在《没种》(《タネナシ》，讲谈社）这本书里，赤裸地记录了自己的无精症，以及通过人工授精直到让妻子怀了孩子的每一天。

摇滚歌手这个身份往往给人很威猛的印象，所以要昭告天

[1] Diamond Yukai（1962—　），日本摇滚歌手、演员，本名田所丰。1986 年 10 月以摇滚乐团 RED WARRIORS 主唱的身份出道。

下自己“没种”，着实需要一番勇气。读过这本书之后，不仅会明白男性在心灵上受到的冲击，也能了解人工授精的真实面貌。

我身为女性而且没有小孩，对于“没种”这件事对男性而言会有多震惊，其实不太能感同身受。没有精子又不会致命，根本不痛不痒，默默地接受就好，真的需要那么激动吗？

不过，读了这本书之后，我理解了这个冲击的严重程度。书上写道，当医生告知是无精症的时候，“我勉强装作镇定，一边点头一边听着医生的说明，但其实太过震惊，眼前一片漆黑”。“虽然知道自己不是什么好东西，但怎么也没想到竟然是连种都没有的废物……身为男人的事实遭到否定的屈辱、觉得自己没出息的愤怒，还有对太太的愧疚……，所有负面的情绪全都搅在一块儿，在心中形成一个巨大的漩涡。”

精子的有无与“男性”的自我认同，似乎有非常重大的关联。的确，也有些女性在停经之后，会觉得自己不再是女人而无精打采，这世上好像就是有人会把“拥有具生育能力的肉体”，视为证明自己是男人或女人的根据。

这里写“好像”是因为，我个人并没有这样的感觉。我其实并不明白，为什么有些女性在停经之后，就变得多愁善感，哀叹自己不再是女人。所以我很容易就脱口对她们说：“咦？怎么不是女人呢？户籍上写的是女性对吧？”对于无精症的男性，也会直言不讳地说：“别说什么‘原来我不是男人’这种感伤的话啦！难不成你想要我安慰你：‘没关系。就算你没有精子，也是货真价实的男人喔！’之类的吗？”结果更伤害到对方所谓的尊严。

Yukai应该也一样，一旦被宣告“没有精子”之后，身为男人的自信立刻摇摇欲坠、岌岌可危了。书中写道，他甚至觉得“被宣告失去了做人的资格”。

但我一方面又觉得，这或许才是正确的反应吧！如果说生物最基本的任务就是繁衍生命，当面临无法生育的事实时，觉得自己失去身为人的资格而意志消沉，似乎比毫不在乎，只觉得“是喔，原来还有这样的状况啊！”来得更有人性一些。

于是，Yukai又接受进一步的检查，结果发现是“梗阻性无精症”(Obstrutive Azoospermia)，表示睾丸仍有制造精虫的能力，只是输送精虫的通路阻塞了。当医生把针刺进睾丸（啊！）内取精，Yukai看到精子活泼好动的画面时，几乎想要大喊：“我不是没种！我也是男人！”果然，精子的有无与男性性别的确立，是息息相关的……

医生从Yukai的睾丸取出精子，从太太体内取出卵子，进行体外受精，再把受精卵植回太太体内。经过这样的治疗后，如今

Yukai 已是三个小孩的爸爸，似乎也充分享受到拥有家人的幸福。

这样的书对暗中烦恼男性不育问题的人来说，可以带来一些共鸣和安心感，“原来不是只有我这样”“原来检查和治疗是这样的”。女性的不孕经常被讨论，但关于男性的不育，不知道是不是因为被解读成是一种“重大缺陷”，所以往往没有公开。在这样的环境下，这本书更显得难能可贵。

的确，女性朋友的谈话中，有人会愿意分享不孕治疗的辛苦，但男性友人一起喝酒时，却极少人能够轻松说出，“我前阵子去检查，发现原来我没种耶！”或是“医生把针刺进我的睾丸里”之类的话。为了与他人交流，女性并不抗拒揭露自己比较负面的一面，但对于男性而言，尊严仍旧是最大的阻碍。

“试管婴儿”一词刚出现时，人工授精被视为了不得的技术，但如今已经极为普遍了。所以，不孕症治疗本身，也愈来愈能被轻松看待吧！

同时，随着医学的进步，也势必面临不孕症治疗该做到什么程度的问题。小孩是“上天赐予的宝物”，所以应该遵循自然法则随缘就好吗？还是只要有办法就不择手段追求到底呢？或许结婚前就需要取得这方面的共识。

正因为小孩现在已经成为珍贵物品，烦恼才更没有尽头啊！

两极化的多子族

日本的2014年出生率，是暌违九年之后再创新低，低至14.2‰。日本的总出生率，自从2005年以12.6‰触底以后，由于进入了第二次婴儿潮的生育期，所以一直呈现微幅增加的趋势。但这两年，第二次婴儿潮也脱离了生育期，于是出生人数降到史上最低，人口的减少幅度也是史上最大。

妈妈明星们虽然在博客展现她们努力育儿的样子，职业女性的世界里也掀起了兼顾工作、婚姻、小孩才算能干的风潮，但放眼整体社会，生子的趋势仍旧低落，这究竟是怎么回事?很多人连一个都不生是原因之一，但就算结婚了，很多人“只生一点点”的事实，也压低了出生率。

当我聊到这个话题时，有些人的反应是“没这回事。我身边生三四个小孩的人还蛮多的喔!”但仔细追问那些人的背景，就会发现他们都是有钱人。在上流社会里，聚集了“相当多”这一类型的人。在社会贫富差距不断扩大的现代，愈来愈多人觉得不花点钱细心培育，小孩将来就无法幸福，所以能够同时拥有好几个堪称是“奢侈品”的小孩，无疑是生活宽裕的证据。

总出生率，就是平均每一位女性一生当中所生孩子的数量，14.2‰这数字代表了在现今日本，有两个小孩已经算是生得“比较多”的了。我有一位朋友生了三个小孩，孩子还小时，每个人见到她都会说“有三个孩子一定很辛苦吧!”她都不知道该怎么回应比较好。

因此，若有四个小孩，那散发出来的可就完全是一种“非比寻常的感觉”。我有一位男性朋友有四个小孩，大家暗地里给他取了一个绰号叫“精子先生”。大概是因为他给人的感觉，除了经济能力在平均水平之上，在这个无性生活的时代还能有四个小孩，体力多半也异于常人。

回溯到大正时代即将结束的1925年，日本的出生率据说高达51.5‰。当时婴幼儿的死亡率也高，为了确实留下子孙，必须生很多小孩。

就在第二次世界大战开始的那一年，为了增强国力，日本政府提出了著名的口号“增产报国”。但战争期间年轻男性都上战场去了，出生率自然较低。战争结束后随即进入了婴儿潮，1947 年的出生率为 45.4‰。

“四个孩子”在那个年代一点也不稀奇。但随着日本经济增长，“生儿育女很辛苦，不如生少一点，细心抚养长大”这个在全世界普遍可见的现象，也同样出现在日本，两个小孩变成最一般的状态。接着在不知不觉当中，“生儿育女很辛苦”的感觉变得太过强烈，加上其他种种理由，出生率一路下滑至今，完全无法遏止。

所以，现在只要一有人说“我有四个小孩”，一般的反应就是“哇！那可真是有钱人呐！”放眼演艺界，不少人生养了很多小孩，像是堀智荣美（七个）、谷原章介（六个）、药丸裕英（五个），以及桥下彻（七个）等。虽然这数字有些是包括了结婚对象之前的孩子，但电视机前的观众多半依然觉得，“果然是有钱人啊！”

然而，除了“很多小孩＝上流人士”的公式外，我们对多子家庭其实还有另一个看法，那就是“很多小孩＝有点奇怪”。而这样的感觉，全都是受到电视节目的影响。《大家族奋斗记》

之类，贴身跟拍多子家庭的真人秀节目，一直都有固定的粉丝群。除了已经结束的《超级奶爸奋斗记》(*Big Daddy*）系列外，过去还有渡津家、石田家、青木家等好几个大家族，都各由不同的电视台制作了专属的节目。

类似《大家族奋斗记》的节目之所以开始流行，或许是因为 1976 年，媒体大篇幅报道了鹿儿岛的五胞胎一家人。那个年代，“两个孩子恰恰好”已是非常普遍的状况，一口气产下五个小孩，自然值得大书特书。

大概就从这个时期开始，日本电视圈里出现了一种“多子大家族最理想”的氛围。在第二次世界大战之前或刚结束之际，一家有五个小孩是非常一般的景象，也不具有任何报道价值；但在少子化社会里，“多子大家族”就成了罕见的现象。而我们看待这些多子大家族，就好像在看介绍和大量动物一起生活的大弹涂鱼先生[1]（ムツゴロウ）一家的节目一样。

就算不是五胞胎，各家电视台也开始播放多子大家族的真人秀节目，其中最有名的就是 *Big Daddy* 中林下清志一家人。

---

[1] 大弹涂鱼先生，本名畑正宪（1935—　），日本小说家、自然主义者、动物研究家、职业麻将选手，自幼热爱动物，以作家身份出道时，文章内容也与动物有关，甚至在 1971 年移居北海道的无人岛，创立“大弹涂鱼动物王国”。

夫妻吵架、手足纷争、离婚、再婚、搬家……，家中成员多，喜庆与麻烦也多，这就是大家族的乐趣。不仅如此，在林下一家里，超级奶爸本人也与其他大家族真人秀的当事人有些不同，因为他具备了明星特质，且麻烦发生的时间点或内容也妙不可言，使节目自然牢牢抓住了观众的心，一下子就成为热门节目。

为什么大家族真人秀会成为热门节目呢？除了“稀奇”之外没有别的理由。和艺人明星的多子家族不同，大家族真人秀的主角通常都面临经济困境。一大家子挤在一间小房子里，有时连吃饭都有问题，或是爸爸突然没了牙齿什么的，让活在现今社会的我们不由得瞠目结舌、大跌眼镜。

单纯只是经济困顿的家庭，并无法做成电视节目，但有很多小孩这一点，就能理直气壮地作为节目的题材。若孩子们还小，还能塑造出一家人虽然穷困，但快乐开朗的形象。看到孩子们一起分享有限的食物，有些人甚至会觉得有很多小孩也不错。

若是这样的话，大家族真人秀在深受少子化问题之苦的日本，应该有促进多产的宣传效果，让人觉得还想生更多才对。但实际上，不太有人会因为“看到渡津家的样子，我也想要生很多孩子”，或是“看了 *Big Daddy* 之后，我也想让老婆多生几个”。

在大家族真人秀流行的时代，反而是出生率下降的时代。

大家族真人秀为什么没有激起大家对家庭的憧憬呢？这是因为，在出生率13‰或14‰都不到的现代社会，有十几个孩子的人看起来就是“有点怪”。艺人或明星等名人型的多子大家族，小孩虽多，也不会多到两位数。而且，他们在经济上很宽裕，更不会轻易公开自己的隐私。因此，我们在社会上看不到“富足大家族”的形象。

相对的，真人秀里的大家族，不但经济状况看起来很艰难，都已经超过十个小孩了，还是生个不停。节目里，那些乱七八糟的样子虽然都配上了正面积极的旁白，最后还硬是用“家人还是最重要的！”之类的说法来总结，但实际上，他们的生活里经常发生严重的问题，明显不符合节目旁白的叙述。今后将要生儿育女的年轻一代看到这样的节目，当然很难觉得有很多孩子真好。

大家族真人秀中一定会出现的画面包括：家中因来不及做家事而乱成一团、破破烂烂的和室纸门、在堆积如山的衣服里挖出自己的袜子来穿，等等。虽然有人说，以前大家都这样啊！但这种节目翔实反映了生活困苦的真实面貌。看到这种画面，就知道觉得孩子很多好像也不错，只是一瞬间的错觉而已，马上就会回过神来，发现自己根本无法接受。而且会转而对自己的现状感到满足，觉得自己的经济好像还算宽裕，自己的家好像还算整齐。

换言之，没想到大家族真人秀反而为促进生育带来了反面效果。经由大家族真人秀，“多子大家族 = 生活贫困”“多子大家族 = 辛苦”的印象流传于世。生很多小孩的人，多半是不介意生活困顿或辛劳的人，是不管生了多少小孩都不满足的人，这样的形象已经深入人心。

也就是说，现今毫不犹豫就生很多小孩的人，他们的形象已经两极化了，要不就是名人，要不就是有点怪的人；要不就是把生小孩当作财力证明的有钱人，要不就是因为某些一般人不理解的原因而不断生小孩的人。无论何者，对多数人来说，“很多小孩”都是和自己无关的平行世界。

要让年轻人觉得生很多小孩真不错，也想试试看，就要让他们看到一家大概有三个小孩、不特别有钱也不特别贫穷、开心过日子的真实面貌。最近好像有愈来愈多连续剧里的家庭形象，角色设定上都是有好几个兄弟姐妹，或许也默默发挥着这方面的作用。总之，大家族的形象，或许必须暂时从“极端的大家族”回到“普通的大家族”才行。

『不奉子成婚』的丰功伟绩

大和抚子[1]的招牌、日本女子足球界的传奇人物泽穗希结婚了。我看到这则新闻时，想起的是 1964 年东京奥运时，把黄金时期都献给排球的“东洋魔女”[2]。据说她们在成功取得金牌后，“魔鬼”教练大松和当时的首相池田，还替她们找了结婚对象。大概是觉得她们为国家而战，这点小事国家当然也得帮忙。

但现今这个时代，结婚是自己的责任。无论大和抚子们多

---

[1] “大和抚子”是日本国家女子足球队的昵称，原意是指性格文静、温柔稳重且具有高尚美德的女性，少数时候被用来代指日本女性。

[2] “东洋魔女”是日本国家女子排球队在 20 世纪 60 年代雄霸女子排球比赛时的绰号。

么有贡献，国家和教练都不会在结婚一事上帮忙了。在日本，大家本来就对看起来很厉害的女性敬而远之，何况像泽穗一样，具备出色技能与高知名度的人，要找到结婚对象更是难上加难，一想到这一点，对泽穗就更感到尊敬。

先撇开这不谈，我看到某一则“泽穗结婚”的报道中，有一句话令我很介意。这篇报道的最后竟然写道：“又，泽穗选手目前没有怀孕。”像泽穗这种不凡人物结婚，还去调查她是不是先上车后补票，这心态未免也太下流了吧！我不禁义愤填膺、眉头紧锁。

不光是泽穗，不知到底从什么时候开始，只要女性名人结婚，媒体都一定会报道她有没有怀孕，我想是因为奉子成婚已经成为主流的缘故。

就和泽穗同一时期，某位男明星也和圈外女友结婚了，但媒体却没有报道这位圈外女性是否有孕在身。是因为她不是名人，所以不必报道她是不是奉子成婚？还是因为女性名人结婚时有没有怀孕是大问题，但男性名人结婚时，有没有让对方怀孕则不重要？

我想，正确答案恐怕是后者。就是因为社会上隐约弥漫着一股“怀孕是女人的事”的气氛，所以女性名人宣布结婚时，都会被质问“怀孕了吗?”

这也不光是媒体的错。如果媒体代表的是世间的好奇心，那我们对于奉子成婚女性想要传达的言外之意不外乎是，“啊！结婚前就‘做了’对吧！还是在没有避孕的状态下‘做了’呢……”

现在已经没有人在婚前“不做”的，社会气氛也不再指责先有后婚，既然如此，就没有必要在结婚时问是不是怀孕了。所以这份好奇心，显然就是多管闲事、探人隐私，而且隐含着一种心情：“男生‘想做’是天性，但是否接受就是女生的责任，就算要接受，只要稍微注意一下也能避免怀孕啊……”

现在，若还是用严苛的眼光对待先有后婚的话，应该都没人结婚了吧！对于先上车后补票，社会上已可以宽容看待，认为只是刚好在结婚前怀了孩子。而且因为“先上车后补票”这种说法给人的感觉不好，所以还出现了“可喜可贺婚”“天赐贵子婚”等说法。

所以，女性名人结婚时，真的需要报道她们是否怀孕了吗？我怒气冲冲地和朋友谈到这件事。没想到朋友说：“那一句‘目前没有怀孕’，不是包含了称赞的意思在内吗?”我问为什么，朋友说，在这个结婚困难的时代，没怀孕还能进展到结婚这一步，对女性而言可是比登天还难的事。“不奉子成婚”的女性，在完全不运用怀孕这个武器的前提下，只靠身为女人的实力就让对方下定决心结婚，简直可以当作神来崇拜了。像泽穗一样的女性还能“不奉子成婚”，更是非比寻常的伟大功绩……

我这才恍然大悟，点头如捣蒜。原来今时今日不奉子成婚的男女，都是值得大力称赞的，因为女方“明明没有怀孕，还能让男方下定决心结婚”，男方则是“明明没有让对方怀孕，仍然下定决心结婚”。

真要按照这个逻辑，世间对奉子成婚的男女，也是很赞扬的。因为“就算怀孕了，也可以堕胎，但他们留下孩子，还结婚了，真是了不起！很有责任感！”所以无论是“× × 小姐怀孕三个月，预产期为明年 × 月”，还是“× × 小姐没有怀孕”的报道，都是在赞扬结婚的人。在结婚比登天还要难的年代，有没有怀孕的问题，或许不全然来自探人隐私的好奇心。

话虽如此，非得搞清楚是不是先上车后补票这种心态的背后，隐含的并不只有称赞而已。“先结婚再生小孩”这个根深蒂固的观念，还是确实存在的。正因为“在没有怀孕的状态下结婚”——“婚后性行为怀孕”，这样的正确路线依旧存在，所以大家才没办法不去检验新人是不是脱离了正轨。

而且，“先结婚再生小孩”的观念，正是日本少子化的一大原因。因为很多人想结婚却没法结，更别指望能怀孕生产了。就算单身时怀孕，但遇到对方拒绝结婚，真的有勇气不顾一切生下孩子的人，毕竟还是少数。

单亲妈妈如今一点也不稀奇，但绝大多数是因为和丈夫离婚，或是丈夫过世，所以一个人养大小孩。从生产时就一个人，也就是所谓的未婚妈妈，仍是极少数。

过去，日本知名女演员加贺真理子未婚生子（小孩出生不久就死亡），曾经轰动一时，此后我就再也没有听过一线女演员或偶像，以未婚妈妈的姿态光明正大生产的案例了。每天在博客里开心分享育儿经的艺人，要不就是结婚了，要不就是离婚了。

在我身边的一般女性，未婚生子的顶多一两个，是极为罕见的案例。若非意志坚强、经济独立、不在乎周遭的闲言闲语，也不轻易透露父亲名字……一般是无法当未婚妈妈的。

同居伴侣生下孩子的状况，或许更少。在法国，同居男女生下孩子的比例占了半数以上，所以现在事实婚（更早以前称为“内缘”）在日本也称为“法国婚”。在我认识的人当中，法国婚状态的人很多，但生孩子的人却是零。因为法律制度不完善的缘故，日本社会普遍还是认为，未婚怀孕生下的小孩很可怜。

日本的出生人数，自第二次婴儿潮之后就不断下降，人工流产的事情也减少了。1989 年，一年的人工流产次数超过 46 万次，现在则在 20 万次以下，减少数甚至比出生数还大，可说是锐减。

虽然这个现象可以解读成是避孕知识普及的缘由，但我认为性行为总次数减少也是原因之一。因冲动性行为导致未预期怀孕的人减少了，人们似乎变得只有为了怀孕才乖乖做爱。

不过，人工流产的次数还是相当庞大。在为少子化所苦的日本，这不免让人觉得好可惜，其实有些也许能生下来啊！只要社会不认为非得已婚者才能怀孕生子，或许就有更多小生命能来到这世界。

由此可知，在现代日本怀孕、生产真的是难上加难。一心成为全职家庭主妇的梦想，如今俨然是个危险的赌注，所以女性自己找工作，努力工作。一旦这种态度形成，人们就会变得不容易结婚。就算有“既然如此，那至少生个孩子”的觉悟，想找个对象使自己怀孕，对方也可能害怕女方要求他负责而退却，所以根本难以找到精子提供者。想要买精子来使自己怀孕，目前法律上又不允许。对有些女性而言，一路奋斗的结果是，就算能结婚，也已经步入不容易怀孕的年龄，最终只好接受没有小孩的人生……

现今社会，女性只要努力，还是会有收获的。但“想要小孩”这件事和读书、运动或工作不一样，不是努力就能轻易看见成果。生产前会遇到“结婚”的关卡阻挡在前，想要过关还得取得男性的同意。为了结婚必须付出无比的努力，而且这种努力又和熬夜读书等，只要自己吃得了苦总会有成果的那些方法，全然不同。有很多人在结婚关卡前就已经精疲力竭，而放弃了生小孩的人。

虽然想结婚的人结就好，但若不让这个社会接受不想结婚的人也能生小孩，就不可能有很多人能有小孩。换言之，当媒体还在一一确认女性名人结婚时怀孕了没这件事，日本少子化问题就绝不会有解决的一天。

文学与出生率

“无论身份高贵或卑微，总以无子嗣为妙！”

这是《徒然草》[1]第六段的开头，意指无论是身份尊贵的人，或是庸庸碌碌的芸芸众生，都不想有孩子。我想很多人读到这一段，都大吃一惊吧！不仅在大家感叹少子化的现在，就是回顾过去的日本，一般也都觉得有小孩是件很棒的事，为什么这里会写“总以无子嗣为妙”呢？

[1]《徒然草》，吉田兼好法师著，日本中世纪文学散文体的代表作之一，于1330—1332年之间写成，主题围绕无常、死亡、自然美等。

父母爱子心切的情感，自《万叶集》[1]时代就是吟唱、歌颂的主题之一，最具代表性的就是山上忆良的诗。

“食瓜思子女，食栗更动心。儿等缘何来，合眼面影亲。频现不离去，辗转难安寝。”以及“金银贵，玉价高。不如我儿女，最是宝中宝。”忆良描写的是，吃瓜时想孩子，吃栗子时更想了，这么可爱的孩子，怎么会诞生在自己家里呢？一想到这就夜不能寐。以及，无论是金或银，都不及孩子宝贵。看得出来，忆良是个相当疼爱孩子的人。

《万叶集》中以男女情诗居多，忆良居家爸爸的形象在其中特别引人注目。或许无论哪一个时代都有好爸爸，但日本对于“孩子是珍宝”的认知，是从那个时代才开始的。

在那样的时空背景下，写出“才不想要小孩呢！”的兼好法师，可谓是特立独行。

兼好法师似乎对子孙甚感嫌恶。在《徒然草》第七十二段中列举出的没有品位之事——“家中子孙多”也是其一。他觉得孩子、孙子把家里搞得乱糟糟是“没有品位”的。兼好法师是文雅的都市人，凡事切忌太过，就算连子孙“太多”都不行。

---

[1]《万叶集》，现存最早的日语诗歌总集，收录4至8世纪共4500多首长歌、短歌。

兼好法师到底是个法师，所以没有成家。他也不是讨厌女色，出家之前的风流韵事也是不少。《徒然草》第三段写道：“长于万事而不解风情之男子，犹玉卮无当，甚不足取也。”可见他熟知恋爱的滋味。

但兼好法师喜欢的是恋爱本身，在他眼里，当恋人变成妻子、生下小孩时，随之萌生出想要守护家人、留下子孙的心情，似乎就俗气了。在第一百九十段里的一开头就大胆地写道：“男子不宜娶妻。”和平凡的女人结婚，或是女人操持家务、养儿育女，都让人不堪。男人要说“我一向独居”，才显风雅。

说到为什么兼好如此厌恶家庭与小孩，应该是因为当时对“死”的解读与今日不同吧！子孙祭拜父母、祖父母以及祖先，是日本人很重视的传统，每个家族也都有自己的墓地，死后会变成什么样子，也与是否有子孙息息相关，所以没有小孩的人，才会对死后感到不安。

但在兼好的时代，状况似乎不同。当时的人认为，为了死后能往生西方净土，活着的时候必须潜心于佛道的修行，似乎不觉得子孙的供养有助于成佛。换言之，死后是否成佛是个人的责任，并不是有子孙死后就能安泰。

在第五十八段里也很一针见血地指出，“人言：‘心存道心，则处处皆可为家。虽在家修道，与俗人交，求来生之安乐，亦非难事。’言此语者，于来生实是懵懂不知”。还严厉地说：“人生到底，遁世修道为最佳出路。若一味沉溺世俗名利，而不虔心菩提，则无异于畜类！”

兼好法师本来对于世事就是冷眼旁观，并拥有洗练的审美意识，不能忍受不正当的男女关系。但他不成家的原因并非只有这一个，他深觉“当死步步逼近时，怎能还执着于女人、小孩呢！”才公开宣告不要有小孩。由于当时的人并不烦恼少子化或人口减少的问题，所以若是恐惧死亡，就能彻底摆脱俗世，专心于佛法的修行。对这样的兼好来说，居家好爸爸不过是“意志软弱的人”而已。

兼好法师光明正大地过着没有妻儿的生活，甚至言明“有老婆的家伙都是蠢蛋！”推崇无子生活才是“理想”。这种果断干脆的精神，如今看来甚至让人有点羡慕。

回过头来看看现在，我们之所以没有小孩，并不是因为专心于佛法的修行。只是不知不觉、也没什么特别的原因，就没有（没能有）小孩。

如今与兼好的时代不同，明明就是一个要有小孩才能成佛的时代，但对于死亡的恐惧，却也没有影响到生子的意愿。我们执着世俗的贪欲，完全不为死亡做任何准备，从兼好的角度来看，无疑是最糟的生活。

约在35年前，就已经有人预言了这个时代的到来，那就是曾任长野县知事的田中康夫。他的第一本小说《不为什么，水晶》[1]（《なんとなく、クリスタル》，河出书房新社），于1981年出版，内容描写女大学生由利在都会里百无聊赖的生活。它为精品品牌和店名等加上的大量批注也引人注目，成为当时的畅销书。

“只是刚好圣罗兰（YSL）的衣服我不觉得腻，JAEGER的针织衫可以穿很久而已……”这是女主角由利选购衣服时的理由。因为同居的男朋友不在家，所以由利打电话给前几天跟她搭讪的大学生，并约了见面。由利觉得，跟男生见面之前先洗个澡比较好，所以就去洗澡了。但说到为什么这么做比较好，答案是“不为什么”。

---

[1]《不为什么，水晶》，是田中康夫就读一桥大学法学系四年级时创作的第一本小说，销售量超过一百万册，是他所有作品中最畅销的一部。表面上描写女大学生由利“无忧无虑，像水晶一般”的生活，附上442个大多是关于高档消费、名牌商品的批注，引发这是一本“商品目录”的严厉批判。但33年后续篇问世，大家才发现此书不仅预言了泡沫经济时期的名牌狂潮，更预言了之后到来的少子高龄化问题。

书中写道：“到头来，我好像就是随着这‘不为什么的心情’活着。这种颓废、缺乏自主性的生活模式，或许有人会说不成体统。但昭和四十三年（1968 年）出生的我，‘心情’已经成为我行动的度量衡。”没有什么明确的主张或主义，不为什么的就觉得这样比较舒服，抱着这种心情生活的由利，在淋浴之后和男子见面，也没有什么特别的理由，不知不觉地就和男子发生了关系。

在这个小说的最后，突兀地附上了人口问题审议会的《有关出生力动向特别委员会报告》，内容记载了出生率的变化。

1975 年　1.91 人

1979 年　1.77 人

还写上了：

① 出生率的低迷，今后也将持续一阵子，但 20 世纪 80 年代也可能转为上升。

② 即使出生率上升，也无法恢复到足以维持人口现状

的程度，人口逐渐减少的趋势难以避免。

书中甚至还写了 65 岁以上的老年人口比例，这个数字与出生率不同，呈现逐渐上扬的趋势。

现在回想起来，小说中由利们在现世的物质欢愉中，不为什么地、随波逐流地生活，与书后指出有关日本的严峻数字，无疑就是作者的预言。

“日本的少子化和高龄化，置之不理的话就会愈来愈严重。”我们对照答案的话就会发现，除了①中提到 20 世纪 80 年代可能转为上升的出生率，结果不但没上升，还持续下降，高龄化也愈来愈严重，作者的预言，几乎全都实现了。

2014 年，《三十三年后的不为什么，水晶》(《三十三年後のなんとなく、クリスタル》，河出书房新社）一书出版，相信大家还记忆犹新。在这本小说里，由利已经年过五十，而过去和由利有过“ペログリ”(作者自创的词，意指“性行为”）的作家“YASUO”也登场。由于书中写到这个 YASUO 曾经担任某县的知事，可知是符合事实的角色设定。

三十三年过去，由利和 YASUO 都经历了很多事。学生时代曾经是模特儿的由利至今单身，热爱工作也致力于公益事业。

果然，没有小孩的中年人，还是会抱着赎罪的心情投身公益活动啊！而 YASUO 则踏上了政治之路，忧心日本社会的两人倒是气味相投。

在《三十三年后的不为什么，水晶》里，也提及了少子化的问题。更直截了当地指出，若出生率能维持在 20.7‰左右的话，人口总数就能保持原有水平。但“无论多么火速地打造出利于生儿育女与回归职场的社会环境，要恢复到 20.7‰都只是梦一场。必须在对此现状有共识的前提下，提出日本今后的目标才是”。与默默在书的最后附上出生率变化的三十三年前相比，可以理解到整个社会和 YASUO 都已经变了。而《三十三年后的不为什么，水晶》的最后，更进一步附上有关少子高龄化的明确数据。

YASUO 自己也没有小孩，宠物红贵宾狗被他当作小孩一般疼爱。他虽然也与女性有过性行为，我觉得他也是“不为什么的，就是没有小孩”。小说主角由利也一样，在丰裕物质、华丽体验、奢华美食……的环境下成长，最终还是没有小孩。

20 世纪 80 年代之后，像这样“不为什么”小孩就愈来愈少的时代，一直持续至今。丰衣足食，小孩就变少，是全世界共通的现象，但日本又因为受到儒教的影响，出生率降到不能再低了。如今，并非像兼好的时代一样，因具备某种积极意义而没有小孩，只是不知不觉地、不为什么地就往舒服的方向去，结果最后没有小孩，这样的人是愈来愈多。

出生率的低迷刹不住车，已经呈现相当严重的局面，人们慢慢发现，无论结婚或生子，都不是“不为什么”就能达成的事，必须努力才能实现，却也还是找不到“那这么做就行了”的处方笺。

小孩不为什么就减少的原因，或许只有不为什么就是没有小孩的人才能解开……这是我读新旧《不为水晶》(《なんクリ》) 系列后的感想。在这层意义上来说，其或许是重要的小说。

说到忆良、兼好，还有田中康夫，在日本文学史上留下深刻印象、关于小孩的叙述，没想到竟然都是男性作者。虽然现在口服避孕药已经解禁，但过去女性能不能怀孕，取决于男方的成分较大，所以男性才能明确表达“要小孩”或“不要小孩”的意志。更不用说，男性并非怀孕的主体，所以才能对生子保持客观的看法。

因为刚好有男性作者提及这方面的现象，所以很引人注目，但无奈的是，无论是少子化问题或是育儿问题，论及有关小孩各方面话题的男性，至今仍是少数派。这无疑才是现今日本最大的问题，在这一层意义上，我认为《不为水晶》系列存在的意义真的很重大。

结语

关于“在这个时代，没有小孩的生存之道”，我一路思考至今。

所谓“物以类聚”，我周遭有不少无子族。尤其在都市，人到中年没有小孩根本不是什么稀奇的事。

在无子族当中，不少人会出现育儿的代偿行为，譬如养宠物或植物、培育徒弟或下属、投身为不幸小孩奔走的公益活动等。也有人在不知不觉中，面临父母需要长期照护的状态，于是倾注全力照料父母的晚年。

另一方面，我回头看看自己，却完全没有非做这些事不可的感觉。

我就是传说中“连仙人掌都会养死”的人，养植物对我来说根本是天方夜谭。实际上，几年前我家就真的有两盆仙人掌，因为我的不作为而枉死，还遭到弃置。我虽然意识到“啊！仙人掌死了……”但一想到“那垃圾分类该怎么办？土算哪一类？花盆呢？”就觉得一个头两头大，马上停止思考，结果就一直搁在那里了。

因为这样，我当然也没办法养宠物。我非常爱猫狗，但最多会跟街上的流浪猫说说话，或是疼爱别人家的宠物。

我也没有在工作上培育人才的经验，我不隶属于任何组织，所以也不会有徒弟，每天都是一个人默默地工作，完全没有想要继承或传承些什么的打算。

如前文所述，我曾经有过一些义工的经验，但也没有全身心投入。现在大概就是提供金钱上的援助，而父母几乎也在无须长期照护的状况下就离世了……

这样说来，我目前的状况几乎可说是“不为谁而活着”。一般都认为，人在长大成人独立之后，就非得为谁活着不可，但不为谁也能好好活着的实例，就在这里。

我想，这或许和我的个性有关，加上时代环境的影响。如果处在中年又没小孩还很罕见的时代，在面对社会眼光时，势必得为没有小孩一事找借口。但如今，到处都是中年无子的人，盟友那么多，导致愈来愈多人不再特别想办法合理化自己的行为，只是淡淡地接受自己没有小孩的状态。

我最近更是深深地觉得，“没有小孩真好！”有小孩的人或许觉得这句话听起来很可怜，但随着年龄增长，愈来愈能静观自己时，我也愈来愈清楚，至今为止我真的没有期望过有小孩，而且，自己显然就是不适合养小孩。

在快要 40 岁的时候，我也曾经想过，没小孩真的好吗？但那时肉体敲响了警钟——“再过不久就不能怀孕啰”所引发的焦躁。

当时体内涌出类似母性的情感，毕竟是暂时的现象，不久之后就戛然而止。看到朋友的小孩，就算觉得可爱，也不至于羡慕，而“这样真的好吗？”的疑问，也转变为“这样就好”的确信。

都说“上天不会给你过不了的考验”，若这是真的，那我恐怕就是耐不住“有小孩”的辛苦，老天爷才没有给我小孩。

……

这并不是在开玩笑，因为在育儿这件事情上，很显然就有适合、不适合两种选择。连仙人掌都会养死的我，还是喜欢在室内摆放一些植物，所以曾经请店家送来盆栽。当时，我打算把家中跟我一起生活了好几年的盆栽换新，于是云淡风轻地对店家说："那就麻烦您了！"仿佛换掉的是旧电器一般。打从心底热爱植物的店员，忧心忡忡地问我："不需要和它道别或是说声谢谢吗？"对方一定觉得，植物虽然不会说话，但也是生物，长年一起生活也会有感情吧！

但在我心里，根本没有"和植物道别"这样的念头。在这一件事上，我又再度体会了自己的"狼心狗肺"，也更确信自己不适合养育任何称为生物的生物。

也有人认为，就是这种对其他生物缺乏同情心的人，更应该通过育儿培养人性。不过，试着回想这几年轰动一时的女性犯罪者们，有小孩的比例可是非常高的。没有小孩的反派，大概只有木岛佳苗而已吧！

因此，光是靠生儿育女就要矫正一个人的性格，似乎也很困难。看看自己一个人生活都快喘不过气来的现状，若是再有了小孩，极有可能让小孩也陷入悲惨绝境，所以我才觉得，"没有小孩，真好！"

话虽如此，并非每个无子族都像我一样不适合育儿。有很多人很适合养儿育女，也非常想要孩子，但偏偏运气不好，因为种种因素就是没办法养儿育女。

即使我们花了很多时间，绕了很多远路，最后还是降落在“无子的人生”的目的地。所以，不管原因为何，无子族们也只能一边找寻能够说服自己的说法，一边往前走了。

本书出版之际，我很幸运有机会采访到安倍首相的夫人昭惠女士，和她聊一聊“没有小孩”这件事。昭惠女士是第一位没有小孩的第一夫人，曾经遭到支持者指责，没有资格做安倍家的媳妇。她接受过不孕症治疗，但因为天生就讨厌上医院，所以治疗没有持续太久。

说到政治人物的另一半，我们往往有一种印象，觉得生孩子是她们的重大任务之一。昭惠女士很坦然地表示：“或许我再努力一点，就能有小孩。但我觉得‘没有小孩的人生’，是上天特别赋予我的，于是我不断思考自己在这当中能做些什么。”也就是说，每个人都有自己的方式，接受自己的状态。

关于这一点，我觉得就算是有小孩的人也一样。有小孩的人，也会面临许多有小孩的辛苦。小孩可能走上歪路，亲子关系也有可能降到冰点。但无论遇到什么状况，有小孩的人不都是一路披荆斩棘，希望最终有一天能够觉得，“有小孩的人生”真的好吗？

我想，身为无子族的我，在今后的人生中，“没小孩真好”的心情与“早知道就该生小孩”的心情，应该会轮番地交替出现在脑海吧！再过个几年，听闻朋友有了第一个孙子的消息，心里应该还是会羡慕；但如果听到她们说女儿都把照顾孙子的工作推给她们，搞得她们精疲力竭的话，也一定会觉得要是我，一定没办法照顾孙子，没小孩真好吧！

在更多年之后，如果看到朋友上传中元节或过年时儿孙承欢膝下的照片到脸书（那时候人类还在看脸书吗？）还是会因为看见别人生活充实而感到沮丧；但若听到有小孩的朋友说，除了中元节或过年之外，小孩都不太出现，不禁感叹“正因为儿孙满堂，所以平常就更显孤独”，或许我又会找回自信，“是啊！我们没小孩的人，一开始就没想过要儿孙嘘寒问暖，也习惯孤独了……”

试想，就在这两种心情反复交替中，进入人生最终阶段的我，究竟会感叹自己没有孩子，还是会坦然接受呢！我想我最终应该还是会接受的。就算在堆满垃圾的屋子里，老得腰腿瘫软要爬，在别人眼里看来孤独、可怜，我一定还是会觉得，这就是我的快乐。我老早就不相信“和大家一起吃饭更美味”这种话了，到了这把年纪，一个人吃着自己想吃的东西，即使一个人怡然自得地吃完一整条鲑鱼的鱼卵，也不会有人在一旁啰唆：“奶奶，那个对身体不好啦！”那种喜悦已经到极点了。

不过，像我一样的无子族，在将来逐渐老去的过程中，所面临的状况时时刻刻都在改变。同样是无子族，也会因为信息收集能力、沟通能力、经济能力等不同，而出现差距，造成有些人在死时觉得“没小孩真好”，有些人则后悔“如果有小孩就好了”。说不定我也会成为后悔一族，絮絮叨叨继续写着《无子的人生·老年篇》。

在这个时代大量出现的无子族，在高龄时极可能会发生加拉巴哥化[1](Galapagosization)。日本的出生率在 2005 年以 12.6‰的数字触底，现在虽有微幅增加的趋势，但在全球仍属最低水平的事实却没有改变。如前文所述，政府将“希望出生率”设定为 18‰，也可见政府是真心想要解决少子化的问题。

希望出生率的计算公式非常复杂，但总之是以“希望有小孩的人想生几个都能生”为原则所得出的数字。这个目标其实颇为保守，因为出生率若没有达到 21‰，就难以维持人口现

[1] 加拉巴哥化，日本的商业用语，以进化论下的加拉巴哥群岛生态系统作为警语，意指在孤立的环境（日本市场）下，独自进行“最适化”，最终对外丧失竞争力，最具代表性的例子就是日本的手机产业。

状，但至少政府明确设定了数字目标。

这是首相为了实现“一亿总活跃社会”理想的必要条件，但却让我产生“原来对女性而言，‘活跃’就是‘生产’啊！”的想法。看见保守派的女性政治家们，尽管工作繁重仍拼命想要生小孩的样子，正显露出为政者的真心话，“对女性而言最重要的‘活跃’，还是生孩子啊！”

在这样的状况下，就算今后日本出生率不会急速上升，至少也该逐步增加吧！因此，等到我们这一代人75岁左右时，报纸上大概会出现“何去何从？昭和出生的无子高龄者？”“无子高龄者是社会的隐性负债”之类的标题（不，届时报纸或许都不存在了……）还会有报道写道：“受《男女雇用机会均等法》[1]、女大生热潮[2]、泡沫经济景气操纵而迷失自己，到老都膝下无子的高龄者，该由谁负担他们的照护责任，成为现在最大的问题。”

在读者投稿栏里，也会有人说：“高龄无子族成为社会重

---

[1]《男女雇用机会均等法》，是日本于1985年针对男女在招聘、任用、薪资、晋升等职场各方面上追求平等待遇所制定的法律。

[2] 女性就读大学在20世纪80年代成为大众化趋势，某电视节目起用素人女大学生作为节目班底，引发话题也带动了收视率，女大学生成为媒体宠儿，被称为“女大生热潮”。

担，没有小孩是个人责任。要没有血缘关系的年轻一代来替他们擦屁股，未免太不合理！”而我们也会前后矛盾地忍不住愤慨反驳：“不是也有人因为看到我们的样子，而努力不要像我们一样吗？我们可是社会的牺牲者！”

虽然我半开玩笑地写了这些内容，但说实话，我真的无法想象自己变老时会是什么情况。如果机器人女儿或孙子会帮我捶背、协助我上厕所的话，那或许真人子孙就无用武之地了。由机器人照顾，既不怕丑态被看见，还能24小时保持和颜悦色、服务亲切，或许很适合同居。身为无子族，我对今后照护机器人的开发，可是抱有很高的期待。

话说回来，前几天我和侄女聊天时，她问我：“我好想要表妹哟！要怎么样才能有一个？”如果是其他东西，我还能在圣诞节时买给她，但“你的表妹只能靠我生，但我真的没办法，对不起！”我只能即刻发出“没办法生表妹宣言”。

侄女是独生女，只有妈妈那边有一个表哥。想到我自己有九个堂表兄弟姐妹，就觉得没能帮她添一个表妹，真的是很抱歉。我只好一边转移话题，一边不断在心中向侄女道歉，同时转换心情，希望她能接受这宿命……

按现在的状况来看，我们家的“家族树”已经变得又瘦又细了。有些朋友父母健在、有三个小孩，这样一家人的过年和我们一家相比，实在很难不体会到“树”的繁茂状态差异之大。

但有一件事是确定的，那就是“没有小孩”，伴随着一种神清气爽。这个“神清气爽”虽然很容易就变成“冷清寂寥”，但我们有的是从对自己孩子的幸福、家族的存续、守护家产等贪恋中解脱的豁达。

我们从没想过死后要子孙来祭拜，也没想过要有气派的墓地，更不奢望有人一直记得自己。“死了就一了百了，没有任何后续”，能有这种单纯的心情，就是无子族的特权。

把这种心情解读为“特权”，对重视传统家庭观念的人来说，才是最大的问题。人生命的意义，在创造继起之生命，或许日本人正是因为相信老后有子孙可以依靠，死后子孙也会用心祭拜，才能接受衰老与死亡。

然而，包括我在内，有很多人并不讨厌没有家族或血缘相连、孑然一身的潇洒。有愈来愈多人选择与血亲保持距离，游荡在朋友、网络或是自己找到的关系、缘分当中。这或许是因为过去血缘带来的负担太过沉重，让这些人宁愿舍弃由血缘建立起来的安全网，逃离血缘带来的麻烦。

或许我们家这棵愈来愈稀疏的家族树，在不久的将来就会枯萎、消失，但我也只能把它想成是天命。毕竟这世上没有所谓的“永远”，凡事都会有落幕的一天。

有人说，所谓的“人生”，就是背着沉重的行李登山。如果连家人的行李都得一起背，肩上的负担当然会愈来愈重。但无子族的行李，就是自己能背得动的分量而已。

就算行李愈来愈重，我们也无法期待有人帮忙，或是越过这个山头后有人在等着我们，唯有靠自己的双腿走向终点。

有小孩的人当中，有些人会有其他人帮忙拿行李，或是开车来接。那一瞬间一定会觉得，“我这一路背了这么重的行李，也值得了”。而我们只能投以羡慕的眼光，至死都背着自己的小包包，蹒跚向前。

最后，本书在出版之际，广获各界人士鼎力相助。不只是无子族，连有子族的各位，也都毫不保留地与我分享没小孩或有小孩的种种心情。谢谢 KADOKAWA 的藤田有希子女士、辻村碧女士，时常以无子族盟友的身份鼓励我。更由衷地感谢各位一直读到最后。

2016 年春

酒井顺子